Charmed
Buffy,
Sabrina
und andere

Charmed
Buffy, Sabrina und andere

IMPRESSUM

Heel Verlag GmbH, Gut Pottscheidt, 53639 Königswinter
Tel.: (0 22 23) 92 30-0, Fax: (0 22 23) 92 30-13

© 2000 HEEL Verlag GmbH, Königswinter

Die Serie „Charmed"™ ist eingetragenes Markenzeichen der Spelling Television, Inc.
Die HEEL Verlag GmbH und der Titel „SPACE VIEW-Special: Hexenserien – Charmed, Buffy, Sabrina und andere"
sind in keiner Weise mit Spelling Television, Inc. assoziiert.

Autoren (V.i.S.d.P.): Christian Langhagen, Ralph Sander, Juliane Waltke

Fotoquellen: Pro 7, RTL, RTL 2, SAT 1, Archiv

Alle Angaben ohne Gewähr.

Redaktion:
Petra Hundacker

Lektorat:
Antje Schönhofen

Satz und Gestaltung: HEEL Verlag GmbH, Königswinter

Lithographie: ARTCOM, Königswinter

Druck:
Koelblin-Fortuna-Druck GmbH, Baden-Baden

Printed and bound in Germany

ISBN 3-89365-857-2

Inhalt:

Vorwort

Liebe Leserin, lieber Leser!

Keine Bange! Bitte seien Sie dessen versichert, dass Sie dieses Buch völlig gefahrlos erwerben können. Sie brauchen es nächtens nicht im Tresor einzuschließen und müssen es auch keinem Exorzismus unterziehen. Dies ist nicht das „Buch der Schatten". Auf den nachstehenden Seiten warten keine Zaubersprüche auf Sie, die ihren Astralleib in vergangene Zeiten oder künftige, schreckliche Momente versetzen könnten. Kein Hexer wird Ihnen nach dem Leben trachten, kein Werwolf nach Ihrem Blut dürsten. Sie werden nicht in den biblischen Kampf von Gut und Böse verwickelt werden.

Stattdessen heiße ich Sie willkommen in der zauberhaften Welt von Prue, Piper und Phoebe Halliwell. Drei jungen Hexen, die für das Gute streiten. Drei ansonsten mit den üblichen Alltagsproblemen befassten (und reichlich attraktiven) Schwestern, deren Abenteuer die TV-Serie „Charmed" zu einem der erfolgreichsten und beliebtesten Genreeinträge der letzten Jahre machen. Spannung, Humor und Spezialeffekte bieten dieser Tage nicht eben wenige Serien. Was „Charmed" weit über andere Serien erhebt, ist die wunderbar ausgearbeitete Vertrautheit und schwesterliche Liebe, die die von Shannen Doherty, Holly Marie Combs und Alyssa Milano beeindruckend sympathisch verkörperten Figuren füreinander empfinden, und die dem geneigten Zuschauer die perfekte Mischung aus Gefühl und spannendem Fantasy-TV bietet.

Aaron Spelling, der die Massen seit Jahrzehnten mit leicht bekömmlichen seriellen Sahnestückchen von „Love Boat" bis hin zu „Beverly Hills 90210" und natürlich auch „Melrose Place" beglückt hat, gelang hier ungeachtet seines beträchtlichen Alters ein jugendlich frisches Juwel, das nur darauf wartet, auch von Ihnen entdeckt zu werden.

Treten Sie ein und betreten Sie die phantastische Welt von „Charmed", „Buffy" und „Sabrina" – ein zauberhaftes Reich voller Magie, Schönheit, Humor und tödlicher Gefahr, in dem nichts so ist, wie es zu sein scheint, und wo nur die Phantasie das Limit setzt.

Viel Spaß!

Christian Langhagen, München 2000

Echte Hexen

Selbst wenn man alle anderen Aspekte der Serie unberücksichtigt lassen würde, so kann man „Charmed" in jedem Fall die erfreuliche Tendenz attestieren, dass sie Hexen in gutem Licht zeigt. Damit kehrt die Serie an die Ursprünge des Begriffs der Hexe zurück, denn Hexen bzw. Zauberfrauen galten vor Jahrhunderten als mehrheitlich gut.

Bis zur Zeit der Hexenverfolgung in Europa, die weiter unten ausführlicher behandelt wird, war eine Hexe in aller Regel eine Person, die sich darauf verstand, Menschen und Tiere gleichermaßen von Krankheiten zu heilen, wobei meist Kräuter, Mixturen und Tinkturen zur Anwendung kamen, während der Aspekt des „Zauberhaften" eher zweifelhaft ist. Gerade in Bezug auf die Kräuter, die von den Hexen verwendet wurden, kann dieser letztgenannte Aspekt am ehesten auf solche Substanzen Anwendung finden, die Halluzinogene enthalten und dadurch Reaktionen auslösen, für die man in früheren Jahrhunderten keine vernünftige Erklärung finden konnte. Ohne übersinnliche Fähigkeiten in Abrede stellen zu wollen, war es damals auf Grund mangelnder Aufklärung üblich, denjenigen überirdische Kräfte zuzuschreiben, die ein grundlegendes Verständnis für Abläufe und Zusammenhänge zwischen Biologie, Chemie und Physik besaßen und anzuwenden wussten. Zur Frage, wie die Hexen ihr Wissen erlangten, ging man davon aus, dass sie (im Gegensatz zu überirdischen Wesen) von Natur aus völlig normale Menschen waren und von einem Lehrmeister unterrichtet wurden oder aber sich die Kunst des Hexens von der Mutter auf den Sohn und von ihm wiederum auf seine Tochter usw. vererbte.

Magier, Schamanen und Zauberer waren weitere Vertreter dieser Gattung Mensch, die eigentlich „nur" über eine deutlich höhere Intelligenz verfügten als ihre damaligen Mitmenschen,

bei denen Aberglaube einen höheren Stellenwert hatte als jeder Versuch einer rationalen Erklärung.

Welch relativ guten Ruf Hexen vor dem 13. Jahrhundert genossen, zeigt sich daran, dass ihre Mitmenschen sich der besonderen Fähigkeiten bedienten, um bestehendes, drohendes oder auch nur scheinbar drohendes Unheil abzuwenden. In die letztgenannte Kategorie fiel das Besprechen (auch Beschreien oder Berufen) von Menschen und Tieren, damit diese von Krankheiten verschont wurden. Eine Bezahlung dieser Dienste erfolgte in aller Regel in Naturalien, da man bei einer Vergütung in Form von Geld glaubte, der Zauber werde nicht anhalten.

Das Pendant zu diesen weißen Hexen bildeten die schwarzen Hexen, die das gleiche Wissen anwandten, um Schlechtes zu bewirken. Aber nicht nur die zogen sich den Zorn der „normalen" Menschen zu, auch ein misslungener Zauber einer weißen Hexe – so zum Beispiel eine Krankheit, die trotz eines vorausgegangenen Besprechens aufgetreten war – konnte ihr erheblichen Ärger bescheren. Der konnte schlimmstenfalls dazu führen, dass man die Hexe als Ketzerin beschimpfte und auf dem Scheiterhaufen verbrannte.

Das war allerdings nicht der Normalfall, jedenfalls so lange, wie es den „Hexenhammer" nicht gab. Der zog ein Ereignis nach sich, das bis heute untrennbar mit dem Begriff Hexe verbunden ist: die Hexenverfolgung. Urheber dieser größten Verfolgungswelle gegen jeden, der auch nur annähernd der Hexerei zugetan sein sollte, war die katholische Kirche, auf deren Konto unter anderem auch die nicht minder blutigen Kreuzzüge gingen, die allesamt „im Namen des Herrn" erfolgten. Von Papst Innozenz VIII. wurden die Dominikaner Heinrich Institoris und Jakob Sprenger beauftragt, alle Hexen und Konsorten auszurotten, da – ohne jede rationale Grundlage – davon ausgegangen wurde, dass sie mit dem Teufel im Bunde waren. Zu „verdanken" hatten die Hexen diese Unterstellung Thomas von

Aquin, der im 13. Jahrhundert zu dem Schluss kam, alle Taten und Handlungen, die sich (wie erwähnt: mangels Wissen) nicht erklären ließen, seien auf einen Pakt der Hexen mit dem Teufel zurückzuführen. Von Aquin war zwar nicht der Erste gewesen, der überhaupt auf diesen Gedanken gekommen war, denn schon Jahrhunderte zuvor hatte man gemutmaßt, dass es wenigstens eines Paktes mit einem Dämon bedürfe, um die Dinge zu vollbringen, zu denen nach herrschender Meinung nur Hexen in der Lage waren. Seine scheinbar stichfesten und zudem schriftlich niedergelegten Behauptungen bedeuteten aber für die katholische Kirche ein gefundenes Fressen, denn durch sie wurde den Inquisitoren Tür und Tor geöffnet. Untermauert wurden die Maßnahmen gegen Hexen durch den oben erwähnten „Hexenhammer" von Institoris und Sprenger, der 1487 erstmals erschien und der sich neben allgemeinen Ausführungen über Hexen und Hexerei in einem Teil des Buches damit befasst, mit welchen Fragen und Methoden (sprich: Folter) die mutmaßlichen Hexen dazu gebracht

hammer" wie ein Gesetzbuch, das Richtern ein Regelwerk an die Hand gab, mit dem sie Beschuldigte als Hexen erkennen und dementsprechend verurteilen konnten.

Die Methoden, von einer angeblichen Hexe ein Geständnis zu erpressen, folgten dabei einer höchst sonderbaren Logik, so zum Beispiel im Fall der Wasserprobe. Hier wurde eine Hexe bzw. eine Frau, die man beschuldigte, eine Hexe zu sein, ge-

werden sollten, zu gestehen, dass sie tatsächlich mit dem Teufel im Bunde waren. (Dass die Betroffenen dieses Geständnis schließlich auch ablegten, lag einzig daran, dass sie hofften, auf diese Weise der Folter ein Ende zu setzen.)

Im Lauf der Zeit aber wurden den Hexen auch immer mehr Fähigkeiten zugeschrieben, die man zuvor (meist bösen) Geistern nachgesagt hatte. Dazu gehörten die Beeinflussung des Wetters ebenso wie der Hexenschuss, für den ursprünglich Feen und Elben verantwortlich gemacht wurden und der dementsprechend „Elbenschuss" hieß. Wurde letzterer noch als Strafe für begangenes Unrecht angesehen, änderte sich hier die Einstellung derart, dass der Hexenschuss (der ja heute noch ein gebräuchlicher Begriff ist) mit der Begriffsänderung zu einem Akt der puren Boshaftigkeit einer Hexe wurde – und damit zu einem weiteren Grund, gegen Hexen vorzugehen.

Die Hexenverfolgung, die bis ins 18. Jahrhundert anhielt, beschränkte sich aber längst nicht auf jene Frauen in einer Dorfgemeinschaft, denen übernatürliche Kräfte nachgesagt wurden. (Es waren zwar auch Männer von der Verfolgung betroffen, doch dem „Hexenhammer" zufolge waren Hexen überwiegend weiblichen Geschlechts, was zum Teil sogar durchaus dem Zusammenhang gerissene Bibelzitate untermauert wurde und so für jeden Gottesfürchtigen als weiterer wichtiger Grund galt, gegen Hexen einzuschreiten.) Vielmehr wurde es durch den „Hexenhammer" möglich, praktisch jeden unliebsamen Nachbarn zu denunzieren und als mit dem Teufel im Bunde zu verdächtigen. Es genügte beispielsweise, einen Todesfall oder eine Krankheit in der Familie einem Mitmenschen anzukreiden und ihn der Obrigkeit zu melden. Auch die Teilnahme an schwarzen Messen war in dieser Zeit ein ausreichender Grund zur Anklage, da sie das Gegenstück zu kirchlichen Messen bildeten und demzufolge der Anbetung Satans dienten. Die Obrigkeit behandelte im Gegenzug den „Hexen-

fesselt ins Wasser geworfen. Wenn sie ertrank, dann hatte man es nicht mit einer Hexe, sondern mit einer ganz normalen Frau zu tun. Wenn sie nicht unterging, war sie offensichtlich eine Hexe – Grund genug, sie zu ertränken oder auf dem Scheiterhaufen zu verbrennen oder auf eine andere, gleichsam brutale Weise zu ermorden.

Besondere Flexibilität bewiesen die Hexenverfolger nicht nur bei dieser Art von „Beweisfindung", sondern auch in anderer Hinsicht. Während die (bis heute gültige) landläufige Meinung über das Aussehen von Hexen dahin tendierte, dass es sich um bucklige, hässliche Frauen mit Hakennase und Warzen im Gesicht handeln müsse, die oftmals aus purem Neid die besser Aussehenden verfluchten und mit Krankheiten bestraften (was unter anderem auch durch den so genannten bösen Blick erfolgte, also durch das bloße Ansehen eines anderen), wurde diese recht klare Definition in der Zeit der Hexenverfolgung aufgegeben. Mit einem Mal konnten nun auch völlig durchschnittlich aussehende Verdächtige verfolgt werden, und die besonders attraktiven Vertreterinnen unter den Hexen wurden beschuldigt, Männer zu verzaubern und von sich (und damit indirekt vom Teufel) abhängig zu machen.

Unterstellt wurde den Hexen auch, Kinder zu vertauschen, also einer Mutter ein gesundes Kind fortzunehmen und es durch das eigene Kind (einen so genannten Wechselbalg) zu ersetzen, bei dem es sich um eine Missgeburt handelte. Vielmehr dürfte dies aber nur ein (erfolgreicher) Versuch gewesen sein, ein missgestaltetes und/oder behindertes Kind zu „erklären". Ohne den Sündenbock namens Hexe hätte es andernfalls durchaus dazu kommen können, dass die Mutter selbst in den Verdacht geraten wäre, eine Hexe zu sein.

Ein anderes Kennzeichen, das angeblich unzweifelhaft auf eine Hexe hinwies, war das so genannte Hexenmal, das ihr vom Teufel gegeben wurde, nachdem sie mit ihm einen Pakt ge-

schlossen hatte. Jede Frau, die verdächtigt wurde, eine Hexe zu sein, wurde auf ein solches Mal untersucht, bei dem es sich eigentlich nur um eine Warze oder ein Muttermal handelte. Die bereits erwähnte sonderbare Logik zeigte sich auch hier, indem der Beweis für eine Hexe in dem Moment erbracht war, da sie keinen Schmerz empfand, wenn man in das Hexenmal stach. Falls sie doch so reagierte, als würde sie Schmerzen verspüren, wurde ihr schlichtweg unterstellt, sie täusche den Schmerz nur vor, um ihrer „gerechten" Strafe zu entgehen.

Bereits Anfang des 17. Jahrhunderts stellte sich der Priester Friedrich Spee von Langenfeld auf die Seite der angeblichen Hexen und schuf mit der „Cautio Criminalis" ein grundlegendes Werk, das später dazu beitragen sollte, den widersinnigen und von Vorurteilen geprägten Anklagen und Hinrichtungen ein Ende zu setzen. Es sollte jedoch bis ins 18. Jahrhundert dauern, ehe sich die aufgeklärten Menschen ausreichend Gehör verschaffen und der Hexenverfolgung ein Ende setzen konnten. Zum letzten Mal wurde 1775 eine Frau als Hexe zum Tode verurteilt und enthauptet, seither hat sich die Einstellung in dieser Hinsicht gewandelt, was aber die Menschen nicht davon abgehalten hat, immer wieder neue Sündenböcke zu suchen, die für eigenes Missgeschick oder einfach nur für Fälle von höherer Gewalt herhalten müssen.

Der Glaube an Hexen ist jedoch bis heute nicht völlig verschwunden, insbesondere die Klischees über ihr Aussehen und ihre Boshaftigkeit haben sich halten können, was nicht zuletzt den Märchen zuzuschreiben ist. Dort sind Hexen durchweg hässlich und stellen eine Bedrohung für „normale" Menschen dar. Es gibt zwar auch andere Ansätze, die nicht auf diese At-

tribute abstellen, aber selbst in Kinderbüchern wie „Die kleine Hexe" von Otfried Preußler und „Bibi Blocksberg" (die ihren Namen im übrigen dem Blocksberg verdankt, einem angeblichen Treffpunkt für Hexen, bei dem es sich tatsächlich um den Brocken im Harz handelt), in denen die Hexen – die auch die Heldinnen der jeweiligen Geschichten sind – als durchweg gut gelten, werden Klischees wie beispielsweise der Besen, auf dem Hexen reiten, nachhaltig gepflegt.

Heute sind Hexen eher in der New Age- und Esoterik-Ecke zu finden, einer Bewegung, die von ihren Anhängern sehr ernst genommen, von den meisten Menschen aber doch eher belächelt wird. In aufgeklärten Zeiten – in denen allenfalls noch die Funktionsweise eines Computers für viele ein Rätsel darstellt – bleibt der Glaube an höhere Mächte zunehmend auf der Strecke, und so fällt es relativ schwer, an die Wirksamkeit von Zaubersprüchen zu glauben. „Charmed" hat das Problem – dem Titel entsprechend – recht charmant gelöst, denn die Halliwell-Hexen sorgen dafür, dass sie nicht entdeckt werden, und zum Glück für die Menschen halten sich die Dämonen vorwiegend an Orten auf, an die sich kaum jemand traut, dem sein Leben etwas bedeutet.

Amüsant – jedenfalls für den normalen Zuschauer, wenngleich nicht für heutige Hexen – ist die Vorliebe der Serie, die aus der Esoterik-Ecke ins Hexenfach drängenden Frauen zwar nicht für verrückt zu erklären, sie aber als verschroben genug darzustellen, um ihnen jede Glaubwürdigkeit zu nehmen. Diese Tendenz innerhalb der Serie wird von Anhängerinnen moderner Hexenkulte zwar nicht gerne gesehen (das zeigen auch ausführliche Auseinandersetzungen im Internet, wo moderne Hexen auf ganz und gar weltlichen Websites die Serie analysieren und – von gelegentlichem Lob abgesehen – angebliche Fehler kritisieren), aber auf diese Weise kann man davon ausgehen, dass sich jüngere Fans von der Serie nicht dazu inspirieren lassen, sich einem Kreis von Hexen anzuschließen.

Ein anderer erfreulicher Aspekt von „Charmed" ist die Tatsache, dass die Vergangenheit nicht unberücksichtigt bleibt und Themen wie die Hexenjagd angesprochen werden und sich die Serie nicht in Klischees verrennt. Dazu gehört auch die für eine Hexe eigentlich unverzichtbare Katze, bevorzugt ist dabei das Klischee der schwarzen Katze. Zwar lebt auch im Haus der

Halliwells eine Katze, aber dieser Vertreter des Typs Siamkatze weist zunächst einmal die falsche Farbe auf und spielt höchst selten eine Rolle, und selbst dann ist diese eher von untergeordneter Bedeutung.

Die Fähigkeiten der Halliwells haben nicht unbedingt etwas mit den Kenntnissen zu tun, über die Hexen verfügen sollen (was auch Anlass zu harscher Kritik an der Serie auf den erwähnten Hexen-Websites war), aber so wenig man heute aller wissenschaftlichen Erkenntnisse zum Trotz sagen kann, über welche Fähigkeiten Hexen nun wirklich verfügen, so wenig kann man die Kräfte in Abrede stellen, die Prue, Piper und Phoebe Halliwell Woche für Woche demonstrieren.

EIN KLEINES HEXEN-ABC

Nachfolgend einige Erläuterungen zu Begriffen rund um das Thema Hexen. Ein ausführliches und zugleich kompaktes Nachschlagewerk (mit einer umfangreichen Liste weiterführender Literatur) ist das „Kleine Lexikon des Hexenwesens" von Ditte und Giovanni Bandini (dtv 20290), in dem auch die folgenden Stichwörter erheblich umfassender erläutert werden, als es an dieser Stelle möglich ist.

BESEN: Ein unverzichtbares Utensil einer jeden Hexe, das seinen Ursprung darin hat, dass der Besen über den Umweg einer symbolischen Deutung ein wichtiges Bindeglied zwischen der normalen Welt und der des Zaubers darstellt. Da Hexen die gleiche Verbindung unterstellt wurde, war es nahe liegend, dass man einen Bezug zwischen Hexen und Besen herstellte.

BÖSER BLICK: Die Fähigkeit einer Hexe, durch bloßes Ansehen einem Lebewesen – Mensch wie Tier gleichermaßen – eine Krankheit anzuhängen.

EULE: Eines von verschiedenen Tieren, die mit Hexen in Verbindung gebracht werden. In diesem Fall dürften es das eher unheimliche Erscheinungsbild und Auftreten sein, die der Eule diesen Ruf eingebracht haben. Gleiches gilt für Fledermäuse, schwarze Katzen und sogar Hasen.

HEXENBANNER: Menschen, die ihre übernatürlichen Kräfte dafür benutzten, um dem von einer Hexe bewirkten Schadzauber einen „guten" Zauber entgegenzusetzen und den erstgenannten Zauber aufzuheben.

HEXENKRÄUTER: Eigentlich Heilkräuter, die ihren Namen aufgrund der Tatsache erhielten, dass es Hexen waren, die im Umgang mit diesen Kräutern Erfahrung hatten. Später wurden so auch die Kräuter bezeichnet, mit denen man angeblich eine Hexe identifizieren konnte.

HEXENPROBE: Ein in der Zeit der Hexenverfolgung legitimes Mittel, um eine Hexe zu überführen. Wenn die Hexe bei dieser Probe ums Leben kam, war sie keine Hexe; wenn sie überlebte, wurde sie anschließend auf den Scheiterhaufen gebracht.

INCUBUS: Diesem männlichen Pendant zum Succubus sagt man nach, dass es sich um einen Dämon handelt, der sich an schlafenden Frauen vergeht. In den Zeiten der Hexenverfolgung wurde die Definition großzügiger gehandhabt und auf den Teufel übertragen, von dem es hieß, dass der Pakt zwischen ihm und einer Hexe unter anderem auch durch eine sexuelle Vereinigung geschlossen werde.

JOHANNA VON ORLEANS: Sie ist die wohl heute noch bekannteste Frau, die zunächst in den Adelsstand erhoben wurde, dann aber in Ungnade fiel, als Hexe bezeichnet wurde und 1431 auf dem Scheiterhaufen endete. Im Gegensatz zu ihren Leidensgenossinnen wurde sie später sogar heilig gesprochen.

PENTAGRAMM: Dieser fünfzackige Stern, der ursprünglich ein Heilszeichen war, wurde in Europa zur Zeit der Hexenverfolgung in erster Linie benutzt, um Hexen davon abzuhalten, ein Haus zu betreten. Das Pentagramm wurde in jener Zeit vorwiegend als Drudenfuß bezeichnet, was mit dem Aberglauben zu tun hat, dass Hexen (die zu den Druden gezählt wurden) einen Entenfuß haben und mit einer Darstellung dieses Fußes in Gestalt des ähnlich aussehenden Pentagramms am eigenen Haus abgewehrt werden können.

SCHADZAUBER: Jeder negative Zauber, den eine Hexe ausgesprochen oder verhängt hat, beispielsweise eine Krankheit, schlechtes Wetter oder eine schlechte Ernte.

SUCCUBUS: Das weibliche Pendant zum Incubus, das in der Zeit vor der Hexenverfolgung als Dämonin bezeichnet wurde. Die spätere Hetzjagd auf Hexen sorgte dafür, dass auch dieser Aberglaube auf die Hexen übertragen wurde, da sich hier eine weitere Möglichkeit fand, angebliche Hexen zu überführen.

TEUFEL: Jahrhundertelang war der Teufel untrennbar mit den Fähigkeiten der Hexen verbunden, da man glaubte, sie könnten diese nur durch einen Pakt mit Satan erlangen.

Hexen im Film

Auf der Leinwand dienen Hexen in der Regel entweder als Grundlage für Komödien, deren Qualität sich über eine große Bandbreite erstreckt, oder als Vorwand für einen Horrorfilm, in dem sie – wie sollte es anders sein – die Rolle der Bösen verkörpern. Auf den folgenden Seiten gibt es einen umfassenden, aber beileibe nicht erschöpfenden Überblick über die Produktionen, in denen Hexen eine mehr oder weniger wichtige (in den seltensten Fällen aber eine gute) Rolle spielen.

Als Thema wurden Hexen bereits zu Beginn der Produktion von Filmen entdeckt, ganz zu Beginn dieses neuen Mediums (natürlich) von Georges Méliès, der 1906 mit dem Kurzfilm „La Fée Carabosse ou le poignard fatal" den Anfang machte. „The Witch" von 1908, „The Witch of the Everglades" von 1911, „The Witch of Salem" von 1913, „The Witch Girl" von 1914, „The Witch" von 1916, „The Witch Woman" von 1918, „Witch's Gold" von 1920 sind nur einige Beispiele mehr für eine ganze Reihe von Stummfilmen rund um Hexen. Aus dem Jahr 1920 stammt auch die schwedische Produktion „Häxan" („Hexen"), ein Stummfilm, der sich darum bemühte, Herkunft und Folgen der Hexenverfolgung im Mittelalter zu erklären. Ein „Dokumentarfilm" aus dem Stummfilm-Zeitalter klingt bereits wie ein Widerspruch in sich selbst, und so kann der Film nicht das selbst gesteckte Ziel erreichen. Dennoch ist hier die gute Absicht zu berücksichtigen, die dahinter steckte.

Eine frühe Komödie um eine Hexe ist „I Married A Witch" („Meine Frau, die Hexe") von 1942 mit Fredric March und Veronica Lake. Nachdem ein Vorfahr von Wallace Wooley vor Jahrhunderten die Hexe Jennifer und ihren Vater verbrannt hat, kehrt diese im Jahr 1942 zurück, um Wooley einen Zaubertrank zu verabreichen, damit der sich kurz vor seiner Hochzeit in eine andere Frau – Jennifer – verliebt. Als Jennifer selbst versehentlich auch von dem Liebestrank kostet, verliebt sie sich in Wooley, womit die Probleme ihren Lauf nehmen. Dass man Hexen zum Gegenstand einer Komödie macht, ist durchaus nachvollziehbar, können doch deren Zauberkräfte für komische Situationen sorgen. Aber die Tatsache, dass die rachsüchtige Hexe in diesem Film auf dem Scheiterhaufen gestorben ist, stellt den Aspekt des Komischen doch nachhaltig in Frage.

„The Naked Witch" von 1960 erzählte von einem Studenten, der in Texas das Grab einer angeblichen Hexe aushebt und dabei tatsächlich jene Hexe zum Leben erweckt. Die ist verführerisch hübsch und – dem Filmtitel entsprechend – nackt, als sie dem Grab entsteigt. Sofort beginnt sie, sich an den Nachfahren jener Menschen zu rächen, die ihr einst den Tod gebracht haben. Stoppen kann sie nur der Student, der dazu aber ihren niederträchtigen Verführungskünsten widerstehen muss, womit das Klischee von der gut aussehenden Hexe bedient wird, die nichts anderes als die Verführung der Männer und ihre anschließende Unterwerfung im Sinn hat.

Die Produktion „The Curse of the Crimson Altar" („Die Hexe des Grafen Dracula") von 1969 ist thematisch an diesen Film angelehnt, allerdings geht die Geschichte nicht in Richtung Komödie, sondern bedient das Horrorgenre. Hier ist es der Nachkomme einer im Mittelalter verbrannten Hexe, der die Nachfahren ihrer damaligen Ankläger für das büßen lassen will, was

man seiner Vorfahrin angetan hat. Ironischerweise führt auch in diesem Film die Absicht zu einem anderen als dem erwarteten Resultat, mit fatalen Folgen ...

Der tschechoslowakische Film „Posledná bosorka" (sinngemäß: „Die letzte Hexe") von 1957 ist eines der wenigen Beispiele, die zeigen, welch abstruse Dimensionen die ohnehin schon völlig irrationale Massenhysterie annehmen kann. Im Mittelpunkt des Geschehens, das sich im 18. Jahrhundert im Dörfchen Trnava abspielt, steht der Maler Peter, der für eine Kirche das Leiden der Heiligen Julia malen soll. Als Modell wählt er eine junge, hübsche Frau aus. Das missfällt allerdings den Geistlichen, die daraufhin kurzerhand erklären, das Mädchen sei eine Hexe. Eine Grundlage für diese Behauptung bringen sie nicht vor, aber die Anschuldigung genügt, um die junge Frau auf den Scheiterhaufen zu bringen. Dass der Film mit einem Happy End aufwartet, indem die junge Frau vor dem Scheiterhaufen gerettet werden kann, ist ein erfreulicher Nebeneffekt in dieser Produktion, die eindringlich zeigt, wie leicht es fällt, einen anderen zu denunzieren, wenn die gegenwärtige Stimmungslage es zulässt.

„The Blair Witch Project" schrieb 1999 Filmgeschichte.

Noch eindrucksvoller ist die Darstellung der persönlichen Bereicherung unter dem Vorwand der Hexenjagd in der gleichfalls tschechoslowakischen Produktion „Kladivo na Carodejnice" („Die Hexenjagd") von 1969. Hier ruft eine böhmische Gräfin einen Inquisitor in ihr Dorf, damit der gegen Hexen vorgeht. Der Inquisitor ist äußerst „effizient", was seine Arbeit angeht. Aber schon bald verkehren sich die Rollen und der Inquisitor, der Geschmack daran gefunden hat, immer reicher und mächtiger zu werden, wendet sich gegen die, die ihn ursprünglich gerufen hatten.

„Maciste all'inferno" („Maciste, der Rächer der Verdammten"), eine italienische Produktion von 1962 aus der unsäglichen Muskelmann-Filmreihe, erzählt von Maciste (Kirk Morris), der in die Hölle reist, um eine Hexe ausfindig zu machen. Sein Ziel ist es, sie dazu zu bringen, einen Fluch zurückzunehmen, den sie ausgesprochen hatte. Dabei ist es ganz selbstverständlich, dass die gesuchte Hexe in der Hölle zu finden ist, schließlich ist sie ja mit dem Teufel im Bund.

In die Kategorie Horrorkomödie fällt „Night of the Witches" (1970), ein Film, in dem ein Prediger und Immobilienmakler (Leon Charles) die Bekanntschaft einer Gruppe von neuzeitlichen Hexen macht, die in Santa Barbara ihr Unwesen treiben.

Die Schilderung der Methoden, die bei Hexenverfolgungen zum Einsatz kamen, ist schon bei einer reinen Dokumentation nicht unbedingt etwas für schwache Nerven, aber das hält Horrorfilm-Produzenten nicht davon ab, das Grauen so realistisch wie möglich und am liebsten noch eine Spur blutiger darzustellen. Unter dem Deckmäntelchen eines Films, der nur zeigen will, was sich wirklich zugetragen hat, lassen sich so Horrorfilme der härtesten Art gut verkaufen. Das gilt insbesondere für „Hexen bis aufs Blut gequält", eine deutsche Produktion von 1969 mit Herbert Lom und Udo Kier in den Hauptrollen. Kier spielt den Assistenten eines Hexenjägers, der sich anfangs völlig auf die Seite des Jägers stellt, dann aber Zweifel an der Richtigkeit der Jagd bekommt und schließlich erfahren muss, welchen Nutzen die katholische Kirche tatsächlich von der Verbrennung angeblicher Hexen hat. Das klingt bei einer reinen Inhaltsangabe recht interessant, da die wahren Gründe für die Hexenverfolgung beim Namen genannt werden. Doch die gute Absicht, die man dahinter vermuten könnte, wird dadurch in ihr Gegenteil verkehrt, da es sich dabei nur um einen Vorwand handelt, einen Horrorfilm auf die Beine zu stellen, der an Grausamkeiten gegenüber Frauen kaum zu überbieten ist. In die gleiche Kerbe schlägt „Hexen – geschändet und zu Tode gequält" von 1972, gleichfalls eine deutsche Produktion. Unter der Regie von Adrian Hoven ist mit diesem Film eigentlich nicht viel mehr entstanden als ein Sammelsurium aus Folter- und Vergewaltigungsszenen, das noch weniger Inhalt aufzuweisen vermag als jeder durchschnittliche Hardcore-Film. Den Hexen hat man mit derartigen Filmen jedenfalls keinen Gefallen getan …

Auf den ersten Blick sollte man den französisch-italienischen Film „Baba Yaga" von 1973 für eine Verfilmung der Märchen über die gleichnamige russische Hexe halten, aber der Titel ist mehr Anspielung als historischer Verweis. Die junge Fotografin Valentina macht die Bekanntschaft von Baba Yaga, einer älteren Frau, bei der es sich tatsächlich um eine Hexe handelt, die es auf Leib und Seele von Valentina abgesehen hat. Der Film ist aber mehr ein Vehikel für ausgefallene erotische Phantasien, was sich schon allein daran zeigt, dass der Comiczeichner Guido Crepax am Drehbuch beteiligt war.

Zum Thema Hexen und Horror hat auch der Meister des blutigen Schreckens, George Romero, seinen Beitrag geleistet. 1972 brachte er „Season of the Witch" in die Kinos, einen Film, in dem eine Frau nach dem Auszug ihrer Tochter und angesichts eines permanent mit seiner Arbeit beschäftigten Mannes paranoid wird und sich unter anderem der Hexerei zuwendet. Sie verliert sich schließlich völlig in einer Welt fernab der Realität, nicht jedoch, ohne sich „Romero-typisch" von ihrem Ehemann zu trennen.

„Witches' Brew" (1980, ein Remake des Films „Weird Woman" von 1944) lenkt das Thema Hexen wieder in Richtung Komödie. Diesmal sind es drei Frauen, die ihren als Professoren an einer Universität arbeitenden Ehemännern zu steileren Karrieren verhelfen, indem sie Zauberkräfte einsetzen. Als ein hoher Posten frei wird, vergessen die Frauen ihr bis dahin gemeinsames Vorgehen und wenden sich gegeneinander, weil jede von ihnen ihren Mann auf diesem einen Posten sehen will.

Hin und wieder kommt es schon mal vor, dass Hexen im Film nicht einfach nur schlecht sind und allen Menschen Böses wollen, nein, manchmal haben sie sogar einen guten Grund für ihre Gehässigkeit. Diese Situation ergibt sich in der US-Produktion „Superstition" (1982), in der eine Familie in ein Haus in Neuengland einzieht, in dessen Garten dreihundert Jahre zuvor eine Hexe ertränkt worden ist. Diese Hexe kehrt nun zurück und will sich an den Nachfahren derjenigen rächen, die für ihre Ermordung verantwortlich waren. Dass sie dabei auch den einen oder anderen Unschuldigen trifft, lässt sie auch gleich unsympathisch erscheinen, womit sich der Kreis hin zur bösen Hexe wieder schließt – ohne darauf einzugehen, dass sie einen guten Grund hat, Rachegefühle zu verspüren. Immerhin ist sie einer Hysterie zum Opfer gefallen, die sich Jahrhunderte zuvor über Recht oder Unrecht keine Gedanken gemacht hat.

„The Witches of Eastwick" („Die Hexen von Eastwick") von 1987 erzählt von drei in Neuengland lebenden Frauen: Alexandra Medford (Cher), Jane Spofford (Susan Sarandon) und Sukie Ridgemont (Michelle Pfeiffer) sind ihrer Ehemänner überdrüssig und träumen von einem Mann, der all ihre Wünsche erfüllen kann. Wenig später zieht Daryl Van Horne (Jack Nicholson) in die Stadt, der genau ihren Vorstellungen entspricht. Nachdem sie ihn kennen gelernt haben, müssen die Frauen feststellen, dass sie auf einmal über immense Zauberkräfte verfügen, die sie allerdings auf die Seite des Bösen ziehen wollen – verkörpert von Daryl.

In der italienisch-französischen Co-Produktion „La Visione del Sabba" (1988; „Sabba – Die Hexe") macht der Psychiater David (Daniel Ezralow) die Bekanntschaft einer Frau, Sabba (Béatrice Dalle), die des Mordes angeklagt wird, aber von sich behauptet, eine Hexe zu sein und nur einen Auftrag des Teufels ausgeführt zu haben. Es scheint, dass sie seit 300 Jahren nach einem Mann sucht, der ihren Anforderungen entspricht, und in David hat sie ihn offenbar gefunden. Der verfällt Sabba zunehmend, beginnt, seine Frau zu vernachlässigen, und verliert sich in Halluzinationen. Ein weiteres Negativbeispiel dafür, dass Filmemacher historische Fakten doch lieber ignorieren und stattdessen die gängigen (falschen) Vorstellungen weiter pflegen, dass attraktive Hexen (was also auf die Darstellerin Béatrice Dalle ohne jede Frage zutrifft) es nur darauf abgesehen haben, einen Mann in ihren Bann zu ziehen.

In „The Witches" („Hexen hexen") von 1990 zeigt Regisseur Nicolas Roeg Hexen ebenfalls von ihrer schlechten Seite, als er die Geschichte (nach einer Vorlage von Roald Dahl) eines neun Jahre alten Vollwaisen (Jasen Fisher) erzählt, der von seiner Großmutter nach England gebracht wird. Dort erfährt er, dass die Oberste Hexe (gespielt von Anjelica Huston) die Kinder überall auf der Welt in Mäuse verwandeln will. Als er beabsichtigt, ihre Pläne zu durchkreuzen, verwandelt sie ihn kurzerhand ebenfalls in eine Maus, womit seine Chancen auf Erfolg drastisch sinken.

„The Witches" ist ein kleines Kuriosum, denn von seiner Thematik her ist es eigentlich eine Geschichte für Kinder, schließlich will der unfreiwillige Held der Geschichte etwas Großes vollbringen – und solche Handlungen sprechen Kinder nun mal an. Gleichzeitig ist der Film aber um einige Nummern zu gruselig und bestens geeignet, den etwas empfindsameren Gemütern in der kindlichen bis jugendlichen Zuschauerschaft diverse gehörige Schrecken einzujagen. Seine übrige Tauglichkeit für ein junges Publikum muss man dann allerdings in Zweifel ziehen, denn wenn man einem Kind mit diesem Film erst einmal Angst vor Hexen eingejagt hat, dann fallen die üblichen Vorurteile auf nahrhaften Boden, während ein rationaler Umgang mit dem Thema für Jahre außer Frage gestellt wird.

1987 stürmten „Die Hexen von Eastwick" an die Kinokassen.

„Teen Witch" („Teen Witch") von 1989 bedient sich des Themas Hexen und Hexenkraft eher in Gestalt eines Vorwands, um moralische Überlegungen zu vermitteln. Die Schülerin Louise Miller (Robyn Lively) ist an ihrer High School nicht sonderlich beliebt, bis sie erfährt, dass sie eine Nachfahrin der Hexen von Salem (s. weiter unten) ist, von denen sie Zauberkräfte geerbt hat. Als sie die anwendet, kann sie sich zunächst an allen Mitschülern rächen, die sie zuvor immer aufgezogen haben. Außerdem gelingt es ihr so, beliebter zu werden, als sie es bis dahin gewesen ist. Das geht so lange gut, bis sie zu zweifeln beginnt, ob sie den richtigen Weg geht. Die Frage in diesem Film dreht sich dabei aber weniger darum, ob es korrekt ist, Hexenkräfte einzusetzen. Vielmehr wird (nicht unbedingt so dezent) der moralische Zeigefinger erhoben und an die Jugend appelliert, aus eigener Kraft die Sympathie der anderen zu gewinnen, nicht aber durch unlautere Methoden.

Die Co-Produktion zwischen Deutschland, der Schweiz und Frankreich von 1991 mit dem Titel „Anna Göldin, letzte Hexe" ist nach vielen Jahren ein erneuter Versuch gewesen, einmal aufzuzeigen, wie leicht es ist, den Aberglauben unwissender Menschen auszunutzen, um andere zu diffamieren. Anna Göldin, die Titel-„Heldin" dieses Films, ist nichts weiter als eine Magd bei der Familie Tschudi, der man Ende des 18. Jahrhunderts vorwirft, einer der Töchter der Familie Stecknadeln in die Kaffeetasse gegeben zu haben. Anna wird entlassen, und die Tochter erkrankt – eigentlich aus dem Grund, dass sie über den Abschied von Anna nicht hinwegkommt, zu der sie eine innige Beziehung hatte. Die Krankheit wird jedoch Anna angehängt, sodass sie schließlich als Hexe hingerichtet wird. Die eigentliche Belanglosigkeit des Auslösers für die letztliche Hexenverfolgung illustriert eindringlich, welche Lappalien genügten, um anderen zu schaden.

Eine schwarze Komödie ist dagegen „Hocus Pocus" („Hocus Pocus") von 1993 mit Bette Midler, Sarah Jessica Parker und Kathy Najimy als Hexen. Ausgerechnet in Salem, Massachusetts, beschwört ein Kind drei Hexen, die die Gelegenheit nutzen, in der Neuzeit Unheil anzurichten. Für die Bekämpfung von Vorurteilen gegen Hexen ist der Film denkbar ungeeignet, aber er ist hervorragend besetzt, wenn man bedenkt, dass eine Frau mit einem Mundwerk vom Kaliber der Bette Midler vor dreihundert Jahren ohne jeden Zweifel für eine Hexe gehalten worden wäre.

In „The Craft" („Der Hexenclub") von 1996 stehen vier Schülerinnen mit Hang zum Okkulten im Mittelpunkt des Geschehens, Nancy Downs (Fairuza Balk), Sarah Bailey (Robin Tunney) Rochelle (Rachel True) und Bonnie (Neve Campbell noch kurz vor dem „Scream"-Ruhm), die gemeinsam zu mächtigen Hexen werden und alle verfluchen, die ihnen nicht passen. „The Craft" ist praktisch die boshafte Variante von „Teen Witch" mit einem Hang zu Brutalitäten, der aber – wie so oft – Hexen grundsätzlich erst einmal schlechte Absichten unterstellt und damit historische Gegebenheiten völlig ignoriert, da sie nicht in das Konzept des Films gepaßt hätten.

Aus demselben Jahr stammt „Little Witches", der sich gleichfalls in Richtung Horror gehend der Thematik annimmt und von einer Gruppe von Schülerinnen (unter anderem Mimi Reichmeister und Sheeri Rappaport) in einem katholischen In-

In „Der Hexenclub" wurde der spätere „Scream"-Star Neve Campbell einem großen Publikum bekannt.

ternat erzählt, die mit dem Okkulten in Berührung kommen und ähnliche Fähigkeiten erlangen wie in „The Craft". Der direkte Vergleich legt nahe, „Little Witches" könne nichts weiter als eine schwache Kopie von „The Craft" sein, tatsächlich aber ist der Film – der zur gleichen Zeit entstand und sich mangels des durchschlagenden Erfolgs von „The Craft" kaum an einen Trend anhängen konnte – um einiges besser, wenngleich er nur relativ unbekannte Namen auf der Darstellerliste zu bieten hat. Das erklärt auch, dass „Little Witches" weitestgehend unbeachtet blieb. (Ganz abgesehen von der Tatsache, dass der Run auf Horrorfilme und artverwandte Produktionen erst mit „Scream" einsetzte – sowohl „The Craft" als auch „Little Witches" waren ihrer Zeit ein ganz klein wenig voraus.)

Massiv ins Bewusstsein der Öffentlichkeit rückte das Thema Hexen 1999, als mit „The Blair Witch Project" („Blair Witch Project") ein unvergleichlicher Hype auf die Kinogänger in aller Welt losgelassen wurde. Dieser Film von Daniel Myrick und Eduardo Sánchez erzählt von drei Filmstudenten, die in Maryland eine Dokumentation über eine Hexe drehen wollen. Sie begeben sich in die Wälder, um sie zu finden, doch dann hört niemand jemals wieder von ihnen. Lediglich die Aufnahmen der drei Studenten, von denen man sich Aufschluss über das Schicksal der Vermissten erhofft, werden entdeckt

In „The Blair Witch Project" geht es weniger um eine Hexe, als vielmehr um die Darstellung des blanken Entsetzens auf den Gesichtern der drei Filmstudenten. Dennoch: Anstatt Ängste abzubauen, von denen Menschen noch immer ergriffen werden, wenn es um Hexen geht, schürt der Film letztlich jahrhundertealte Vorurteile.

Dass der Marketingtrick, mit minimalen Mitteln einen Film zu drehen, der – mit Blick auf die Relation zwischen Kosten und Einnahmen – wohl die erfolgreichste Produktion überhaupt sein und bleiben dürfte, seine satirischen Nachahmer finden würde, war gar keine Frage. So sind nach „The Blair Witch Project" eine Reihe von Projekten in Angriff genommen worden, die sich zum Teil noch in Arbeit befinden (was allerdings auch kein Problem ist, da „Blair Witch 2" und „Blair Witch 3" bereits in Produktion gegangen sind). Darunter findet sich „The Bunk Witch Project" von Steve Meyer, in dem vier Personen – die drei trinkfreudigen Filmemacher Traci, Jack und Matt – im Wald von Greenwood, Indiana, verschwinden, als sie eine Dokumentation über Cheryl Baker, die „Bunk Witch of Gnaw Bone" drehen wollen. Das Filmmaterial wird gefunden, während von den vier Personen jede Spur fehlt.

In „The Blair Witch Rejects" ist die Gruppe der verschollenen Personen sogar noch größer. Dort glaubt eine Filmemacherin, sich an den Erfolg von „The Blair Witch Project" anhängen zu müssen und eine Dokumentation über die in den Wäldern von Kalifornien ihr Unwesen treibende „West Woods"-Hexe zu drehen, die spanische Siedler geopfert haben soll. Noch in der Gegenwart wird immer wieder von vermissten Campern in dieser Gegend gesprochen, deren Verschwinden man der Hexe zuschreibt.

Wenig Gutes wird auch mit den Hexen in dem Fernsehfilm „Witch Hunt" (1999) in Verbindung gebracht, der auf einer wahren Begebenheit beruht. Ein junges Mädchen wird von seinen Großeltern entführt, der Vater will seine Tochter wiederhaben, und die Großmutter (Jacqueline Bisset) – also die Mit-Entfüh-

rerin – ist dem Okkulten zugetan. Die Vorurteile über Hexen, sie leben hoch!

Dass ein Großteil der amerikanischen Hexenfilme in Neuengland angesiedelt ist, mag auf den ersten Blick ein wenig seltsam anmuten, lässt sich aber sehr leicht erklären. Im 17. Jahrhundert blieb auch Amerika nicht vor den Hexenverfolgungen verschont, jedoch erreichte die Welle dort nie eine auch annähernd vergleichbare Hysterie, weshalb Salem so deutlich in Erinnerung geblieben ist. 1692/93 wurde in dem kleinen Städtchen im Staat Massachusetts massiv gegen einige Frauen vorgegangen, die sich eigentlich nur zum Spaß mit Okkultismus beschäftigt hatten. Als sie plötzlich Anzeichen zeigten, die die Bevölkerung nur mit einer Besessenheit durch den Satan erklären konnte, begann die Suche nach der „Schuldigen". Diese Suche führte zu einer Sklavin aus Barbados, von der die Mädchen einiges über den Voodoo-Zauber gelernt hatten. Um der Folter zu entgehen, „gestand" sie, dass außer ihr noch zahlreiche andere Frauen mit dem Teufel einen Pakt geschlossen hätten. Die daraufhin einsetzende Hetzjagd auf die vermeintlichen Hexen führte zu über 140 Festnahmen, 19 Frauen wurden erhängt, viele weitere Gefangenen starben aufgrund der schlechten Haftbedingungen.

Eine ähnliche Hysterie wurde danach nicht mehr registriert, und so ist Salem für die Amerikaner bis heute Sinnbild für alles, was mit Hexen und Hexerei zu tun hat.

Grund genug, diese Ereignisse auch filmisch umzusetzen, wobei sich diese Umsetzung nicht allein auf die USA beschränkt. Eine der besten Filmversionen zum Thema ist „Les Sorcières de Salem" („Hexenjagd", alternativer deutscher Titel: „Die Hexen von Salem"), dessen Drehbuch von Jean-Paul Sartre verfasst wurde, der sich seinerseits an dem Theaterstück von Arthur Miller orientierte. Die Co-Produktion von 1957 zwischen Frankreich und den DEFA-Studios der DDR wartete unter anderem mit den Stars Yves Montand und Simone Signoret auf, während Sartre Millers Texte dramatisierte und Parallelen zur Gegenwart von 1957 zog.

Fazit dieser Übersicht über Hexen im Film: In der Mehrzahl der Fälle werden Hexen im Film als Mittel zum Zweck eingesetzt und damit im Geiste missbraucht. Benötigt ein Drehbuchautor für seinen Horrorfilm noch einen Schuss Böses, dann ist es ein Leichtes, eine Hexe zu nehmen, weil die breite Masse mit ihr grundsätzlich Unglück in Verbindung bringt. Dass dabei permanent der historische Hintergrund ignoriert wird, ist zwar ärgerlich, aber nicht verwunderlich, wenn man bedenkt, dass in anderen Genres nicht anders verfahren wird. Um im Horror-Genre zu bleiben, in dem Hexen bedauerlicherweise immer wieder eine negative Rolle spielen, ist der Vergleich zu Frankenstein wohl die anschaulichste Möglichkeit, die Verdrehung von Ideen zu illustrieren, die stets unter dem Vorwand dramaturgischer Notwendigkeit vorgenommen wird. Obwohl Frankensteins Monster eigentlich eine bemitleidenswerte Kreatur ist, kümmern sich die wenigsten Filmemacher um diese literarische Tatsache, um stattdessen ein blutrünstiges und Menschen mordendes Biest zu zeigen.

„Charmed" im Kino wäre bestens geeignet, um diesem Treiben möglicherweise ein Ende zu setzen, wenigstens aber doch ein Umdenken bei den Zuschauern zu bewirken, damit die Vorurteile gegenüber angeblichen Hexen endlich einmal dort bleiben, wo sie hingehören: in der Vergangenheit.

Charmed
Die Serie und der Mann im Hintergrund

Auf dem Speicher eines malerischen viktorianischen Hauses mitten in San Francisco liegt in einer verstaubten Truhe ein Buch mit dem mysteriösen Titel „Buch der Schatten". Das Haus gehört den Halliwell-Schwestern Prue, Piper und Phoebe, die zu der Zeit noch nichts von ihrer eigentlichen Bestimmung wissen, geschweige denn ahnen. Als Phoebe, die jüngste der drei, das Buch entdeckt und einen der magischen Sprüche laut liest, muss sie feststellen, dass tatsächlich Magie im Spiel ist. Denn sie hat die Zauberkräfte der Schwestern entfesselt, die bis zu dem Zeitpunkt unterbunden worden waren, weil ihre Mutter und ihre Großmutter nicht wollten, dass die drei von Warlocks und Dämonen heimgesucht werden, solange sie nicht bereit sind, denen etwas entgegenzusetzen.

Zunächst entwickelt Phoebe hellseherische Fähigkeiten, die stets dann aktiv werden, wenn sie eine Person oder eine Sache berührt, auf die ein unerfreuliches Schicksal wartet. Piper kann die Zeit anhalten, allerdings zunächst nur in dem Raum, in dem sie sich gerade aufhält. Bei Prue entfaltet sich die effektivste aller Zauberkräfte: Telekinese. Allein mit der Macht ihres Geistes kann sie Objekte bewegen und Angreifer zurückschlagen. Diese Kräfte sind aber erst der Anfang, denn nach und nach werden sie nicht nur stärker, sondern um weitere Fähigkeiten bereichert. So ist Prue im zweiten Jahr der Serie in der Lage, ihren Astralkörper an einen anderen Ort zu projizieren, während sie selbst in einer Art Starre verharrt. In einer Episode, die einige Jahre in der Zukunft spielt, sieht man, dass Pipers Wirkungskreis bis dahin auch auf öffentlichen Plätzen wirkt.

Für die Schwestern ist die Erkenntnis, dass sie eigentlich Hexen sind und diese Eigenschaft von ihrer vor Jahren verstorbenen Mutter geerbt haben, alles andere als erfreulich. Denn auf der einen Seite müssen sie gegenüber Dritten ihre Zauberkraft verborgen halten, auf der anderen Seite ziehen die Kräfte alle möglichen finsteren Geschöpfe an, die entweder den Schwestern nach dem Leben trachten, um sich vor deren Zauberkraft zu schützen, oder aber diese Kräfte an sich reißen wollen, um unbesiegbar zu werden.

Für die Halliwells bedeutet das, dass ihr bis dahin recht normales Leben gehörig aus den Fugen gerät. Die Konsequenzen aus der Erkenntnis, Hexen zu sein, gehen aber über den Kreis der drei Schwestern hinaus. Denn Prues Ex-Freund Andy Trudeau arbeitet als Polizist in San Francisco und stößt immer wieder auf rätselhafte Vorfälle, bei denen Prue und ihre Schwestern ihre Finger im Spiel zu haben scheinen. Zwar fehlen die Beweise, aber die Indizien sprechen gegen die Halliwells, und das weiß Trudeau nur allzu gut. Da er spürt, dass etwas nicht stimmt, schließt er seinen Partner Darryl Morris von seinen Erkenntnissen aus, was ihm letzten Endes eine Untersuchung der Abteilung für innere Angelegenheiten einbringt. Prues Offenbarung, dass sie und ihre Schwestern Hexen sind, kommt für Trudeau recht spät, da er kurz darauf von einem Dämon getötet wird.

Eine weitere zentrale Rolle spielt der vermeintliche Handwerker Leo Wyatt, bei dem es sich in Wahrheit um einen Whitelighter handelt, einen guten Geist, der den Halliwells helfen soll, das Böse zu bekämpfen. Als er sich dabei aber in Piper verliebt, muss er die Beziehung abbrechen, was ihm nicht leicht fällt. Da er sich nicht wirklich von Piper trennen kann, verliert er seine eigene Unsterblichkeit, als er ihr Leben rettet, nachdem sie sich mit einem tödlichen Virus infiziert hat.

Das Berufsleben der Halliwell-Schwestern leidet ebenfalls unter der Tatsache, dass sie als Hexen gegen das Übersinnliche und das Dämonische kämpfen müssen. So bekommt Prue im Auktionshaus Bucklands, für das sie Kunstobjekte taxiert, mehr als einmal Probleme, weil sie Aufgaben nachgehen muss, zu denen sie sich niemandem gegenüber äußern kann. Im zweiten Jahr der Serie schmeißt sie schließlich ihren Job hin und beginnt eine neue Karriere als Fotografin. Piper könnte mit ihrem Job im Restaurant „Quake" eigentlich zufrieden sein, doch ihr Chef stellt für sie eine solche Plage dar, dass sie kündigt und in der zweiten Season den Nachtclub „P3" eröffnet. Lediglich Phoebe ist in beruflicher Hinsicht konsequent: Sie bemüht sich redlich um einen Job, bleibt aber auf Dauer arbeitslos, was sie allerdings nicht daran hindert, entweder die Kleider ihrer Schwester Prue zu tragen oder sich von deren Geld neue Klamotten zu kaufen.

Im zweiten Jahr ergeben sich nach dem Tod von Andy Trudeau Verschiebungen in den Beziehungen, die vor allem Piper betreffen. Sie verliebt sich in den neuen Nachbarn Dan Gordon, sieht sich aber mit Leo konfrontiert, der nach dem Wechsel von den Unsterblichen zu den Sterblichen versucht, die einstige Beziehung wieder aufleben zu lassen.

Wenn man die einzelnen Elemente der Serie betrachtet – Dämonen, Hexen, Beziehungsprobleme, Freundschaften –, könnte man meinen, dass man es mit „Buffy" zu tun hat, und der Gedanke ist nicht einmal völlig abwegig. Denn „Charmed" ist – auf eine ganz einfache Formel gebracht – eine Mischung aus „Buffy" und der Hexenserie „Sabrina", allerdings ohne das Sitcom-Element. Man könnte auch das Schlagwort Girl Power verwenden, um das Kernelement der Serie zu charakterisieren.

Was vor Jahrzehnten undenkbar war, ist spätestens mit „Buffy" Wirklichkeit geworden: Eine Dramaserie mit humorvollen Elementen, in der starke, eigenständige Frauen die Hauptrolle spielen (s. zu den artverwandten Serien auch das Kapitel „Starke Frauen im TV" auf S. 90). Der Erfolg von „Buffy" war auch ganz offensichtlich der Ansporn für Produzent Aaron Spelling, ein ähnliches Produkt in die Welt zu setzen. Nachträglich kann man leicht von einer Erfolgsformel sprechen, die Spelling bei „Buffy" abgeguckt haben könnte, aber als die Vampirjägerin ins Fernsehen kam, standen die Chancen auf einen Erfolg gar nicht so gut. Was den Erfolg rückblickend ausmacht, ist die erwähnte starke Titelheldin, die – wie könnte es im Fernsehen anders sein – nicht nur stark, sondern auch noch höchst attraktiv ist. Auf diese Weise werden einmal die weiblichen Zu-

„Girl Power" gibt es auch bei „Buffy".

schauerschichten angesprochen, die von dem Konzept einer unabhängigen Frau als Heldin einer Serie angetan sind, während die Herren der Schöpfung eher auf das Aussehen der Protagonistin achten (auch wenn sie das nicht so schnell zugeben werden, sondern eher darauf verweisen, dass es gute Geschichten sind, die da erzählt werden). Bei „Buffy" ging das Konzept auf, aber das war noch lange keine Garantie, dass es mit einer anderen Serie ebenso machbar sein würde, auch nicht, wenn Spelling seine Finger im Spiel hat. Zudem ging er noch einen Schritt weiter und stellte gleich drei Frauen in den Mittelpunkt, während bei „Buffy" wenigstens zu Beginn nur die Titelheldin allen anderen überlegen ist.

Eine echte Parallele zwischen beiden Serien ist allerdings die Musik, und ab der zweiten Season wird die Ähnlichkeit sogar noch offensichtlicher. Von Anfang an wurde die Handlung von zeitgenössischen Rocksongs unterlegt, um vor allem eine jüngere Zuschauerschaft anzusprechen, und mit der zweiten Season gibt es den Club „P3", der das „Charmed"-Gegenstück zum „Bronze" in „Buffy" ist. Hier treten Bands wie Dishwalla und The Cranberries auf, was natürlich auch bei den Jugendlichen Interesse weckt, sich die Serie anzusehen, die bislang nicht dafür zu begeistern waren. Das Konzept hat sich bei „Buffy" bewährt und funktioniert auch bei „Charmed" – hier sogar noch besser, da die Bands zum Teil noch stärker in die Handlung einbezogen werden und nicht wie Staffage wirken, die vom Management auf die Bühne gestellt worden ist.

Aber nicht nur solche Veränderungen sprechen für den Erfolg der Serie. Mit der zweiten Season sind die Geschichten innovativer geworden und zeigen, dass alle Beteiligten mit erheblich mehr Selbstvertrauen und deutlich entspannter ans Werk gehen. So zeigt zum Beispiel die Episode „Der Auserwählte" mit ihren köstlichen Anspielungen auf „The Blair Witch Project", dass man gelernt hat, sich so wie die Macher von „Angel" und „Buffy" auch mal ein wenig selbst auf den Arm zu nehmen.

AARON SPELLING – DER ERFOLGSPRODUZENT

Entwickelt wurde die Serie von Constance M. Burge, die auch als Ausführende Produzentin von „Charmed" agiert. Die maßgebliche Macht hinter „Charmed" liegt jedoch beim bereits erwähnten Aaron Spelling, der mit Burge bereits 1996 bei der Serie „Savannah" zusammengearbeitet hatte.

Spelling, den man ohne jede Übertreibung als einen Mann bezeichnen kann, der seit Jahrzehnten das Erscheinungsbild des US-Serienfernsehens maßgeblich prägt, wurde am 22. April 1923 in Dallas, Texas, geboren. Er besuchte die Forest Avenue High, seinen Abschluss Bachelor of Arts machte er dann an der Southern Methodist University in Dallas. Seine ersten Gehversuche im Showbusiness machte er als Schauspieler, doch der erhoffte Erfolg stellte sich nicht ein, und so wechselte Spelling auf die Seite der Kreativen. Sein erstes Drehbuch verkaufte er an die Produktion „Jane Wyman Theater", es folgten weitere Arbeiten für Serien wie beispielsweise „Playhouse 90". Schließlich stieg er zum Produzenten auf und wurde von Four Star Productions engagiert. Der wach-

sende Erfolg seiner Produktionen führte dazu, dass er 1972 Aaron Spelling Productions gründete und damit seine Position als einer der wichtigsten Produzenten des US-Fernsehens weiter festigte. 1986 ging Aaron Spelling Productions in Spelling Entertainment, Inc. über, womit Spelling praktisch über ein eigenes Imperium in Hollywood verfügt, das inzwischen in Spelling Television eine Untergesellschaft hat und die Unternehmen World Vision (Syndication), Hamilton Projects (darüber wird die Lizenzvergabe für Merchandisingprodukte zu den schier unzähligen Spelling-Serien abgewickelt) und Republic Pictures sein Eigen nennen kann. Ergänzt wird das Imperium durch das einverleibte Software-Unternehmen Virgin Interactive.

Spelling hat zwei Kinder: den schauspielernden Sohn Randy Spelling und die ebenfalls vor der Kamera agierende Tochter Tori Spelling, die durch „Beverly Hills 90210" weltbekannt wurde. Er ist in zweiter Ehe mit Candy Spelling verheiratet, von seiner ersten Frau Carolyn Jones trennte sich Spelling 1964 nach knapp 12 Jahren Ehe.

In welchen finanziellen Dimensionen sich Spelling bewegt, wird (allerdings nur annähernd) klar, wenn man bedenkt, dass er sich für geschätzte 37 Millionen Dollar das „Manor" hat bauen lassen, ein schlossähnliches Haus in Beverly Hills, das nicht

nur über 123 Zimmer verfügt, sondern neben anderen Besonderheiten eine eigene Bowlingbahn, vier Bars, ein Puppenmuseum und – angeblich – sogar zwei Zimmer beherbergt, in denen Geschenke eingepackt werden. Beschwerden der Nachbarn über die gewaltigen Dimensionen des Bauwerks sollen dabei mit der gleichen Selbstverständlichkeit ignoriert worden sein, mit der Spelling offenbar auch gegen einen Handwerker nach dem anderen vor Gericht gezogen ist. Mal sollen Handwerker geklagt haben, dass Spelling nicht gezahlt hat, was der mit einer Gegenklage beantwortete und zwölf Millionen Dollar Schadenersatz einforderte (von denen er allerdings nur 1,2 Mio. Dollar erhielt, für Spelling kaum mehr als ein Taschengeld).

Würde man nur die bekanntesten seiner Serien an dieser Stelle nennen, dann bekäme man schon einen guten Eindruck von der Machtposition, die Spelling in Hollywood innehat. Aber es würde dem Mann hinter so vielen Serien und Filmen nicht gerecht werden. Daher soll an dieser Stelle eine komplette Auflistung seines Wirkens folgen, unterteilt nach der jeweiligen Position, die er bei den Produktionen eingenommen hat.

Als Donna Martin aus „Beverly Hills 90210" wurde Aaron Spellings Tochter Tori einem großen Serienpublikum bekannt.

FILMOGRAPHIE AARON SPELLING

ALS SCHAUSPIELER

1953 Vicki
1953 Dragnet
1954 Three Young Texans
1954 Alaska Seas
1954 Dragnet
1954 Black Widow
1955 Alfred Hitchcock Presents
1955 I Love Lucy
1955 Mad At The World
1955 Target Zero
1956 Gunsmoke (Rauchende Colts)
1998 Sunset Beach (Sunset Beach)

ALS PRODUZENT VON TV-SERIEN

(angegeben ist jeweils das Startjahr der Serie)
1961 The Dick Powell Show
1963 Burke's Law (Burkes Gesetz)
1967 The Guns Of Will Sonnett
1968 The Mod Squad (Teen Police)
1969 The New People
1981 Strike Force
1981 Dynasty (Der Denver Clan)
1983 At Ease
1983 Hotel (Hotel)
1984 Finder of Lost Loves (Agentur Maxwell)
1984 Glitter
1989 Nightingales
1992 The Heights
1994 University Hospital
1994 Burke's Law (Burkes Gesetz)
1994 Robin's Hoods
1997 Sunset Beach (Sunset Beach)

ALS AUSFÜHRENDER PRODUZENT VON TV-SERIEN

(angegeben ist jeweils das Startjahr der Serie)
1964 Daniel Boone
1965 Honey West
1972 The Rookies
1974 Chopper One
1974 Firehouse
1975 S.W.A.T. (Die knallharten Fünf)
1975 Starsky And Hutch (Starsky & Hutch)
1976 Family
1976 Charlie's Angels (Drei Engel für Charlie)
1977 The Love Boat (Love Boat)
1978 Fantasy Island (Fantasy Island)
1979 Hart To Hart (Hart aber herzlich)
1979 The French Atlantic Affair (Miniserie)
1979 Friends

1980 B.A.D. Cats
1982 T.J. Hooker (T.J. Hooker)
1985 The Colbys 2 (Die Colbys)
1986 Crossings (Miniserie; Im Feuer der Gefühle)
1990 Beverly Hills 90210 (Beverly Hills 90210)
1992 Melrose Place (Melrose Place)
1992 2000 Malibu Road
1994 Models Inc. (Models Inc.)
1996 A Season In Purgatory (Miniserie)
1996 Kindred: The Embraced
1996 7th Heaven (Eine himmlische Familie)
1996 Savannah (Savannah)
1996 Malibu Shores (Malibu Beach)
1997 Pacific Palisades (L.A. Affairs)
1998 The Love Boat: The Next Wave
1998 Charmed (Charmed – Zauberhafte Schwestern)
1998 Buddy Faro

ALS PRODUZENT VON FILMEN

1969 The Ballad Of Andy Crocker (TV)
1969 Carter's Army (TV)
1970 Run, Simon, Run (TV)
1970 The House That Would Not Die (TV; Das Geisterhaus)
1970 Yuma (TV; Yuma)
1970 But I Don't Want To Get Married! (TV)
1971 Five Desperate Women (TV)
1971 The Death Of Me Yet (TV)
1971 A Taste of Evil (TV)
1971 Congratulations, It's A Boy! (TV; Vater wider Willen)
1971 The Trackers (TV; Die Verfolger)
1972 The Bounty Man (TV)
1972 Say Goodbye, Maggie Cole (TV)
1972 No Place To Run (TV)
1973 Snatched (TV)
1973 Letters from Three Lovers (TV)
1973 Hijack (TV)
1973 Satan's School For Girls (TV)
1974 Death Sentence (TV)
1974 Death Cruise (TV)
1974 Cry Panic (TV)
1974 California Split (TV)
1974 Hit Lady (TV)
1974 Savages (TV)
1975 The Legend Of Valentino (TV)
1976 Baby Blue Marine
1977 Fantasy Island (TV; Pilotfilm)
1978 Cruise Into Terror (TV)
1983 Making Of A Male Model (TV)
1984 Velvet (TV)
1986 Night Mother
1987 Surrender
1987 Cross My Heart (als Beteiligter Produzent; Was nun?)
1988 Satisfaction (Satisfaction)
1990 Loose Cannons (Der Harte und der Zarte)
1991 Soapdish (Lieblingsfeinde – Eine Seifenoper)

ALS AUSFÜHRENDER PRODUZENT VON FILMEN

1962 A Pair Of Boots
1962 My Daddy Can Lick Your Daddy
1969 The Monk (TV)
1969 The Pigeon (TV)
1969 Wake Me When The War Is Over (TV)
1969 The Over-the-Hill Gang (TV)
1970 River Of Gold (TV)
1970 How Awful About Allan (TV)
1970 Crowhaven Farm (TV)
1970 The Love War
1970 The Over-the-Hill Gang Rides Again (TV)
1970 Wild Women (TV)
1970 The Old Man Who Cried Wolf (TV; Tod eines Bürgers)
1970 Love Hate Love (TV)
1971 The Last Child (TV)
1971 If Tomorrow Comes (TV)
1971 In Broad Daylight (TV; Am hellichten Tage)
1971 The Reluctant Heroes (TV)
1971 Two For The Money (TV)
1972 Every Man Needs One (TV)
1972 The Daughters of Joshua Cabe (TV)
1972 The Rookies (TV)
1972 The Chill Factor (TV)
1972 Home For The Holidays (TV)
1972 Rolling Man (TV)
1973 The Bait (TV)
1973 The Affair (TV)
1973 The Letters (TV)
1973 The Great American Beauty Contest (TV)
1974 The Girl Who Came Gift-Wrapped (TV)
1974 Only With Married Men (TV)
1975 Murder On Flight 502 (TV)
1975 Starsky And Hutch (TV-Pilotfilm; Starsky & Hutch)
1975 The Daughters Of Joshua Cabe Return (TV)
1976 Death At Love House (TV)
1976 The New Daughters Of Joshua Cabe (TV)
1976 One Of My Wives Is Missing (TV)
1976 Charlie's Angels (TV-Pilotfilm; Drei Engel für Charlie)
1976 The Boy In The Plastic Bubble (TV)
1977 The San Pedro Bums (TV)
1977 Little Ladies Of The Night (TV)
1978 Return To Fantasy Island (TV)
1978 Wild And Wooly (TV)

1978 Vega$ (TV-Pilotfilm; Vega$)
1979 Hart To Hart (TV-Pilotfilm; Hart aber herzlich)
1980 Casino (TV)
1982 Massarati And The Brain (TV)
1982 T.J. Hooker (TV-Pilotfilm; T.J. Hooker)
1983 Shooting Stars (TV)
1983 Mr. Mom (Mr. Mom)
1985 International Airport (TV)
1986 T.J. Hooker: Blood Sport (TV)
1987 Three O'Clock High (Faustrecht –
     Terror in der High School)
1987 Cracked Up (TV)
1989 Day One (TV)
1990 Rich Men, Single Women (TV)
1990 The Love Boat: A Valentine Voyage (TV)
1991 Jailbirds (TV)
1992 Grass Roots
1993 And The Band Played On
     (TV; Und das Leben geht weiter)
1993 A Stranger In The Mirror (TV)
1993 Hart To Hart Returns (TV)
1994 Jane's House (TV)
1994 Love on the Run (TV; Der Abenteurer und das Biest)
1994 Hart To Hart: Old Friends Never Die (TV)
1994 Hart To Hart: Crimes of the Hart (TV)
1994 Hart To Hart: Home Is Where the Hart Is (TV)
1995 Hart To Hart: Secrets of the Hart (TV)
1995 Hart To Hart: Two Harts in Three-Quarters Time (TV)
1996 Hart To Hart: Harts in High Season (TV)
1996 Hart To Hart: Till Death Do Us Hart (TV)
1996 After Jimmy (TV)
1999 The Mod Squad
2000 Love Boat: The Movie
2000 (i.V.) Charlie's Angels: The Movie
2000 (i.V.) Satan's School For Girls (2000) (TV)
2000 (i.V.) Titans (2000) (TV)

SONSTIGES

1959 Johnny Ringo (TV; Idee)
1960 Guns Of The Timberland (Drehbuch)
1960 One Foot In Hell (Drehbuch)
1969 Carter's Army (Drehbuch)
1971 The Trackers (TV; Drehbuch)

Die zauberhaften Darsteller(innen)

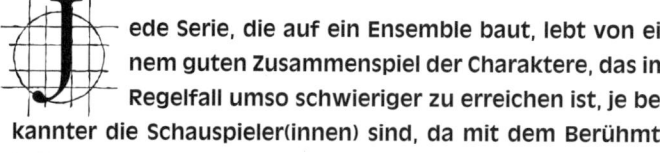

Jede Serie, die auf ein Ensemble baut, lebt von einem guten Zusammenspiel der Charaktere, das im Regelfall umso schwieriger zu erreichen ist, je bekannter die Schauspieler(innen) sind, da mit dem Berühmtheitsgrad bekanntermaßen auch das Ego wächst.

Für „Charmed" müsste das bedeuten, dass zwischen zwei der Hauptdarstellerinnen permanent Machtkämpfe ausgetragen werden – was die amerikanische Klatschpresse unter Berufung auf „Insider", „gut unterrichtete Kreise" und ähnliche dubiose Quellen auch mit unschöner Regelmäßigkeit veröffentlicht. Von offizieller Seite wird das bestritten, und vermutlich liegt die Wahrheit letzten Endes irgendwo zwischen den beiden Extremen.

Vor der Kamera jedenfalls merkt man von möglichen Querelen nichts, ganz im Gegenteil, das Zusammenspiel der drei Titelheldinnen ist so überzeugend, dass man Berichte über Streit und Zank noch eher dem Wunschdenken unterbeschäftigter Sensationsreporter zurechnen möchte, als man es ohnehin machen sollte.

Die Halliwell-Schwestern Prue, Phoebe und Piper werden dargestellt von Shannen Doherty, Alyssa Milano und Holly Marie Combs – drei Namen, die für drei völlig unterschiedliche Serien stehen und auf den ersten Blick eigentlich die denkbar ungeeignetsten Kandidatinnen für die drei Rollen sein müssten. Wie sehr dieses klassische Schubladendenken aber täuschen kann, zeigt „Charmed" Woche für Woche. Doherty, Milano und Combs spielen drei recht selbstbewusste, wenn auch nicht fehlerlose junge Frauen mit magischen Kräften, was sich für sie nicht nur als vorteilhaft erweist, sondern auch ungeahnte Komplikationen nach sich zieht. Keine der drei Darstellerinnen wirkt dabei fehl am Platz, und so verschieden die drei auch aussehen, so sehr vermitteln sie doch den Eindruck, tatsächlich Schwestern zu sein.

Dass Shannen Doherty, Alyssa Milano und Holly Marie Combs mit ihren weiblichen Reizen nicht geizen, ist vor allem für die männliche Zuschauerschaft der Serie ein erfreulicher Aspekt. Allerdings muss man hier einen Vergleich zu „Buffy" ziehen und Spelling insofern kritisieren, als dass in seiner TV-Welt alle Menschen einfach schön sind. Während nicht nur die drei Hauptdarstellerinnen bei „Charmed" ebenso gut auf dem Laufsteg auftreten könnten, gibt es bei „Buffy" viel mehr „normale" Schauspieler (von Sarah Michelle Gellar einmal abgesehen), die weitaus durchschnittlicher aussehen. Aber eine Spelling-Serie ist nun mal eine Spelling-Serie, und dieses kleine (und eigentlich nicht mal so negative) Manko „muss" man nun mal in Kauf nehmen, auch bei „Charmed".

SHANNEN DOHERTY

Shannen Doherty (voller Name: Shannen Maria Doherty) ist Prue Halliwell, die älteste der drei Schwestern, und sie ist zugleich wohl die bekannteste der drei „Charmed"-Ladies. Doherty wird – auch hier ist der Regenbogenpresse viel zu „verdanken" – immer wieder gerne mit Skandalen in Verbindung gebracht, vor allem seit ihrer Zeit bei „Beverly Hills 90210". Ihre Karriere hatte aber schon Jahre zuvor begonnen.
Geboren wurde sie am 12. April 1971 in Memphis, Tennessee, als

Tochter von Tom und Rosa Doherty, sie hat einen älteren Bruder, Sean, der 1967 geboren wurde.

Die Begeisterung für die Schauspielerei erfasste sie, als sie die Serie „Little House On The Prairie" („Unsere kleine Farm") sah und aus ihrer Leidenschaft schon früh einen Beruf machen konnte. Mit acht Jahren stand Shannen in einer Produktion von Schneewittchen auf der Bühne, zwei Jahre später verpflichtete Michael Landon sie für einen Auftritt in der Serie „Father Murphy". Er holte sie bereits ein Jahr danach zurück und gab der gerade mal 11-Jährigen eine feste Rolle in seiner TV-Serie „Unsere kleine Farm". Nach dem Ende der Serie 1983 kehrte sie in diesem und im Folgejahr für mehrere Specials zurück, um ihre Rolle wieder aufzunehmen.

Es folgte der Part der Kathleen Kennedy in der TV-Miniserie „Robert Kennedy & His Times", der sie weiter ins Rampenlicht rückte, ein Jahr später (1986) stand sie erneut für eine Serie vor den Kameras, diesmal für „Our House" („Unser Haus"). Der Wechsel vom Kinderstar zur ernst zu nehmenden Jungschauspielerin gelang ihr 1989 mit dem Film „Heathers", in dem sie Heather Duke spielte, eines von vier Mädchen an einer High School, die die Heathers-Clique bilden. In dieser schwarzen Komödie über das mitunter grausame Leben an einer amerikanischen High School konnte

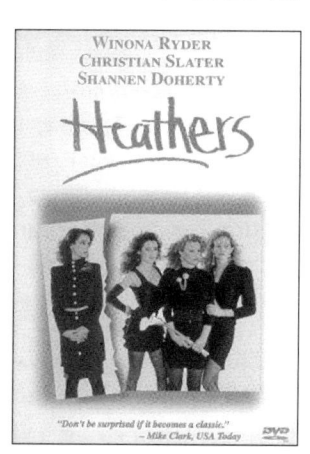

sich nicht nur Shannen Doherty profilieren, auch Winona Ryder und Christian Slater standen auf der Besetzungsliste und machten den Film zusätzlich sehenswert.

Ein Jahr später folgte der große Durchbruch, als sie den Part der Brenda Walsh in einer neuen Serie erhielt, die von dem schier allmächtigen Aaron Spelling produziert wurde: „Beverly Hills 90210". Der immense Erfolg dieser Serie, die High-School-Erlebnisse einer

Gruppe Jugendlicher zeigte, die aufs College gehen möchten, um von dort ins Leben entlassen zu werden, war für Shannen Doherty Segen und Fluch zugleich. „Beverly Hills 90210" steigerte ihre Popularität schlagartig um ein Vielfaches, aber zugleich geschah etwas, was ihr nicht zusagte. „Auf dem Set herrschte eine unglaubliche Anspannung, außerdem entsprach ein Großteil der Arbeitsbedingungen nicht meinen Vorstellungen", erklärte sie in einem Interview zu den Gründen, warum sie die Serie nach dem vierten Jahr verließ. In dieser vierten Season musste Doherty nicht nur mit der Unzufriedenheit über die Entwicklung der Serie kämpfen, sondern hatte auch Probleme mit ihrer (äußerst kurzlebigen) Ehe mit Ashley Hamilton, Sohn des Schauspielers George Hamilton. Anfang September 1993 waren sich die beiden zum ersten Mal begegnet, am 24. des gleichen Monats heirateten sie, um sich nach nur fünf Monaten wieder zu trennen und im April 1994 die Scheidung einzureichen.

Nach ihrer eigenen Aussage gingen sie und Produzent Aaron Spelling in beiderseitigem Einvernehmen getrennte Wege, womit sie allen Berichten widersprach, denen zufolge sie als schwierig beschrieben wurde und der Ausstieg aus „Beverly Hills 90210" in der einen Version ein wütender Entschluss von Doherty gewesen sein soll, während andere Quellen zu wissen glaubten, Spelling habe sie aus der Serie geworfen.

Folgt man der Hollywood-Logik, dass ein Schauspieler (ebenso wie Drehbuchautoren und andere, von Produzenten abhängige Freischaffende) nie wieder einen Job in dieser Stadt erhalten wird, wenn er sich erst einmal mit einem Produzenten, Agenten oder gar einem Studio angelegt hat, dann muss man zu der Schlussfolgerung gelangen, dass an den Meldungen über ihr Verhalten während der Dreharbeiten zu „Beverly Hills 90210" kaum ein Fünkchen Wahrheit sein kann. Denn zum einen war Shannen Doherty nach dem Ausstieg nicht arbeitslos, und zum anderen – und das ist der viel kuriosere Punkt – ist sie bei „Charmed" ausgerechnet in einer Serie gelandet, die von Spelling produziert wird! Denkbar ist, dass die Journalisten, wie in vielen anderen Fällen, von der Rolle auf die Darstellerin schlossen und Shannen einen Ruf bescherten, der auf sie eigentlich nicht zutraf. Belastend (für die Journalisten) kommt hinzu, dass der Film „Jailbreakers" von 1994 ebenfalls eine Spel-

ling-Produktion war, womit der Zwist – sofern er bestanden haben sollte – so tief nicht gewesen sein kann.

Ein wenig aus der Protesthaltung gegen die Drehbücher der Serie heraus übernahm sie eine Rolle in einem erotischen Thriller mit dem Titel „Blindfold: Acts of Obsession", in dem sie sich recht textilfrei präsentierte. Der Film blieb weitgehend unbeachtet und bescherte Doherty nicht einmal wegen der Nacktszenen nennenswerte Publicity. Ganz anders dagegen bei ihrem Entschluss, sich für den „Playboy" auszuziehen. Diese Entscheidung bescherte ihr ein Titelbild auf der US-Ausgabe vom März 1994, der unter Fans hoch gehandelt wird.

Wie gesagt, sie war zwischen „Beverly Hills 90210" und „Charmed" nicht untätig, sondern kann außer „Blindfold" eine beträchtliche Liste von durchweg guten Filmen vorweisen, die

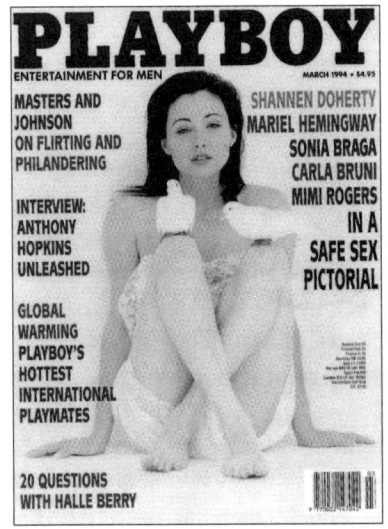

zum größten Teil für das Fernsehen produziert wurden. So verkörperte sie in der NBC-Produktion „Flamende Leidenschaft – Das Leben der Margaret Mitchell Story" eben jene Margaret Mitchell, ihres Zeichens die Autorin von „Vom Winde verweht".

Unter der Regie von Kevin Smith stand sie für die Kinoproduktion „Mallrats" vor der Kamera (in diesem Film findet sich ein subtiler und sehr gelungener Insider-Gag auf ihre Rolle in „Beverly Hills 90210"), in der Komödie „Die nackte Kanone 33 ⅓" hatte sie einen Cameoauftritt, bei dem sie sich selbst spielte.

1997 kursierten Meldungen, Shannen Doherty werde eine Hauptrolle in einer Comedy-Action-Serie mit dem Titel „Faster Baby, Kill!" spielen. Bewahrheitet haben sich diese Meldungen nicht – zum Glück, muss man sagen, denn ansonsten wäre sie möglicherweise für „Charmed" nicht verfügbar gewesen. Bei „Charmed" hätte sie sicherlich eine erheblich wichtigere Rolle gespielt, wenn Lori Rom nicht kurz entschlossen ausgestiegen und durch Alyssa Milano ersetzt worden wäre. So ist ihr eine Kollegin an die Seite gestellt worden, die auf eine ähnlich erfolgreiche Vergangenheit zurückblicken kann. Wenngleich diese Entwicklung für Shannen Doherty nicht ideal gelaufen sein dürfte, ist sie für die Serie selbst von großer Tragweite. Denn durch die Kombination aus zwei seit sehr langer Zeit erfolgreichen Schauspielerinnen und einer nicht minder guten, aber noch nicht so lange im Showbusiness tätigen Kollegin (Holly Marie Combs) ist „Charmed" erst zu solcher Höchstform aufgelaufen, während die Serie sich unter anderen Bedingungen vielleicht mehr zu einem Starvehikel für Shannen Doherty entwickelt hätte. Zum Ende der zweiten Season hat Doherty einen Weg eingeschlagen, der in der Welt der Fernsehserien zunehmend um sich greift – und im Regelfall auch für die jeweilige Serie von Vorteil ist: Sie hat bei der letzten „Charmed"-Episode der zweiten Season Regie geführt.

FILMOGRAPHIE SHANNEN DOHERTY

FILME
1982 Night Shift
1982 The Secret Of NIMH (Sprecherin in der OV; Mrs. Brisby und das Geheimnis von NIMH)
1985 The Other Lover (TV)
1985 Girls Just Want To Have Fun (Lipstick & Icecream)
1986 Outlaws (TV)
1989 Heathers (Heathers)
1992 Freeze Frame (TV; Verräterische Bilder)
1992 Obsessed (TV; Hölle der Leidenschaft)
1994 Jailbreakers (TV; Jailbreakers)
1994 A Burning Passion: The Margaret Mitchell Story (TV; Flammende Leidenschaft – Das Leben der Margaret Mitchell)
1994 Naked Gun 33 ⅓: The Final Insult (Die nackte Kanone 33 ⅓)
1994 Almost Dead (Almost Dead – Am Rande des Wahnsinns)
1994 Blindfold: Acts Of Obsession (TV; Blindfold)
1995 Mallrats (Mallrats)
1996 Gone In The Night (TV)
1997 Friends 'Til the End
1997 Nowhere (TV)
1997 Sleeping With The Devil (TV)
1997 The Ticket (TV; Tödliches Los/ Hetzjagd durch die Rocky Mountains)
1999 Striking Poses (TV; Im Fadenkreuz der Angst)
2000 Satan's School For Girls (TV)

SERIEN
1982-1983 als Jenny Wilder in „Little House On The Prairie" („Unsere kleine Farm")
1986 als Kris Witherspoon in „Our House" („Unser Haus")
1990-1994 als Brenda Walsh in „Beverly Hills 90210" („Beverly Hills 90210")
seit 1998 als Prue Halliwell in „Charmed" („Charmed – Zauberhafte Hexen")

GASTAUFTRITTE IN SERIEN
1981 Father Murphy (Vater Murphy)
1982 Cagney & Lacey (Cagney & Lacey)
1983 Magnum P.I. (Magnum): „A Sense Of Debt"
1984 Airwolf (Airwolf)
1985 Highway To Heaven (Ein Engel auf Erden/ Ein Engel kehrt zurück): „The Secret"
1989 21 Jump Street (21 Jump Street): „Things We Said Today"
1990 Life Goes On: „Corky's Crush"
1992 Parker Lewis Can't Lose (Parker Lewis): „Geek Tragedy"
1992 The Dennis Miller Show

HOLLY MARIE COMBS

Holly Marie Combs könnte man in ihrer Rolle als Piper Halliwell schnell als unscheinbares Mauerblümchen abtun, wenn man auf den Bekanntheitsgrad der Schauspielerin anspielt, aber in Wahrheit steht und fällt der Part mit seiner Darstellerin. Immerhin ist sie als die mittlere Schwester zugleich die Mittlerin zwischen Prue und Phoebe, deren ausgeprägte Persönlichkeiten allzu leicht aneinander geraten könnten.

Holly Marie Combs ist zwar kein unbekanntes Gesicht in Film und Fernsehen, doch von den drei Hauptdarstellerinnen ist sie die einzige, die nicht schon als Kind eine Schauspielkarriere vorweisen konnte. Combs wurde am 3. Dezember 1973 im kalifornischen San Diego geboren. Als sie acht Jahre alt war, zogen die Eltern mit ihr nach New York City, wo sie sich schon früh damit befasste, die Schauspielerei zu erlernen, und die Professional Children's School besuchte. 1988 spielte sie in „Sweet Hearts Dance" mit, ein Jahr später hatte sie einen Auftritt in „Born On The Fourth Of July" („Geboren am 4. Juli"), wurde jedoch in dieser Produktion nicht namentlich erwähnt. Der große Durchbruch kam jedoch erst 1992, als sie vier Jahre lang den Part der Kimberly Brock in David E. Kelleys Serie „Picket Fences" spielte und damit einem breiten Publikum bekannt wurde.

Während „Picket Fences" lief und auch nach dem Ende der Serie wurde Combs immer wieder für Fernsehfilme unter Vertrag genommen, womit sie im Lauf ihrer noch relativ jungen Karriere (jedenfalls im Vergleich zu Shannen Doherty und Alyssa Milano) auf eine beträchtliche Anzahl von Engagements zurückblicken kann.

FILMOGRAPHIE HOLLY MARIE COMBS

FILME

1988 Sweet Hearts Dance (Sweethearts Dance – Liebe ist mehr als ein Wort)

1989 Born On The Fourth Of July (Geboren am 4. Juli)

1992 Chain Of Desire (Chain Of Desire)

1992 Dr. Giggles (Dr. Giggles)

1992 Simple Men (Simple Men)

1994 Danielle Steel's 'A Perfect Stranger' (TV; Vertrauter Feind)

1995 A Reason To Believe

1996 Sins Of Silence (1996) (TV; Vergewaltigt ...! Die Angst des Opfers)

1997 Love's Deadly Triangle: The Texas Cadet Murder (TV; Mord aus Eifersucht – Wenn Schüler töten)

1997 Our Mother's Murder (TV; Der Mörder unserer Mutter)

SERIEN

1992-1996 als Kimberly Brock in „Picket Fences" („Picket Fences – Tatort Gartenzaun")

seit 1998 als Piper Halliwell in „Charmed" („Charmed – Zauberhafte Hexen")

GASTAUFTRITTE IN SERIEN

1997 „Relativity" („Beziehungsweise")

ALYSSA MILANO

Im Vorspann zu „Charmed" wird Alyssa Milano (voller Name: Alyssa Jayne Milano) zwar „nur" an dritter Stelle genannt, doch vor ihrem Namen prangt unübersehbar ein „and". Und das heißt, dass sie als Phoebe Halliwell keineswegs eine drittrangige Rolle spielt, was angesichts ihrer Fernsehkarriere auch nicht zu erwarten wäre. Dabei wäre aus der Karriere als TV-Hexe beinahe nichts geworden. Denn ihre Mitwirkung bei „Charmed" verdankt sie in erster Linie der Tatsache, dass die eigentliche Darstellerin Lori Rom sich nach den Dreharbeiten zum Pilotfilm anders entschied und ausstieg.

Geboren wurde sie im Dezember 1972 in Bensonhurst, Brooklyn. Als sie vier Jahre alt war, zogen die Eltern – die beide kreativen Berufen nachgingen, was auf Alyssa Milano nachhaltig abfärbte – mit ihr nach Staten Island. Ihre Mutter arbeitete für zwei Boutiquen in Brooklyn als Modedesignerin, ihr Vater war Musiker, heute arbeitet er in Hollywood als Filmmusikcutter. Von klein auf nahm Alyssa Gesangs- und Tanzunterricht, und im Alter von sieben Jahren erhielt sie einen Part im Musical „Annie", als das für ein Jahr auf Tour durch die Vereinigten Staaten ging. Dieser erste Erfolg spornte an und führte nach verschiedenen Bühnenauftritten zu einer Filmrolle an der Seite von Danny Aiello in „Old Enough". Mit elf Jahren konnte sie sich

dann gegen die Konkurrenz durchsetzen und wurde für den Pilotfilm der Sitcom „Who's The Boss?" („Wer ist hier der Boss?") für den Part der Samantha Micelli ausgewählt, der Rest ist sozusagen Geschichte. (Zwischendurch war sie dann auch noch an der Seite von Arnold Schwarzenegger in dessen Film „Commando" zu sehen.) Die Familie zog nach Los Angeles, die Serie entwickelte sich zu einem großen Erfolg und führte dazu, dass Milano quasi in aller Öffentlichkeit vom Kind zur jungen Frau heranwuchs – eine Tatsache, die manch anderen Jungschauspieler(inne)n wenig Glück gebracht hat. Nicht so im Fall von Alyssa Milano, die es schaffte, nach dem Ende von „Wer ist hier der Boss?" im Jahr 1992 nahtlos zu einer ganzen Reihe von Kino- und TV-Filmen überzuwechseln. Als Jennifer Mancini war sie außerdem von 1997 bis 1998 in knapp 40 Episoden der Serie „Melrose Place" zu sehen, ebenfalls ein Produkt aus dem Spelling-Unternehmen, womit der Grundstein dazu gelegt war, von Spelling auch für andere Produktionen verpflichtet zu werden, was dann kurz darauf in Gestalt von „Charmed" geschah.

Neben ihrer Arbeit als Schauspielerin ging Alyssa Milano kurzzeitig auch einer Karriere als Sängerin nach, wobei sich ihr Erfolg vor allem auf Japan erstreckte. Insgesamt veröffentlichte sie innerhalb weniger Jahre fünf Alben: „Alyssa" (1989), „Look In My Heart" (1989), „Best In The World" (1990), „Locked Inside A Dream" (1991), „Do You See Me?" (1992).

Ihre Karriere weist Parallelen zu der von Shannen Doherty auf, sowohl was den Status des Kinderstars angeht als auch mit Blick auf das, was im Anschluss an ihre erste große Serie folgte: Nacktfotos. Anders als Doherty, die bewusst den Playboy als

Plattform wählte, war es nicht Milanos Absicht, auf diese Weise im Gespräch zu bleiben. Denn tatsächlich wurden die Aufnahmen – die unter dem Oberbegriff Stars und ihre Tätowierungen standen – 1992 für einen Bildband aufgenommen, dessen Einnahmen einem AIDS-Projekt zugute kommen sollten. Der Band erschien jedoch nicht, woraufhin der Fotograf, der sämtliche Rechte an den Fotos besaß, diese an das Magazin „Bikini" verkaufte, das Alyssa Milano ohne deren Wissen in den Mittelpunkt der ersten Ausgabe stellte.

In Verbindung mit besagten Fotos steht auch die Initiative, die sie 1998 ergriff. Nachdem ihr zehn Jahre jüngerer Bruder im Internet wiederholt auf Nacktfotos seiner großen Schwester gestoßen war (darunter „echte" Aufnahmen aus dem Magazin sowie aus Filmen, in denen sie sich freizügiger zeigte), zog sie gegen die Betreiber der Websites zu Felde, damit diese sämtliche Fotos zurückzogen. Zugleich machte sie sich gegen Pornographie im Internet im Allgemeinen stark, da das Beispiel ihres Bruders bewiesen hatte, dass Minderjährige problemlos auf Internetseiten gelangen können, die eigentlich nicht für sie bestimmt sind. Der lobenswert Einsatz dürfte aber wohl

eher ein Kampf gegen Windmühlenflügel werden, da die Website-Betreiber zwar auf die Aufforderung reagierten, die betreffende Site stillzulegen, doch niemand weiß, wann und wo sie eine neue Site einrichten. Immerhin wurden aber 15 Fälle außergerichtlich beigelegt, und der eine Fall, der vor den Richter gebracht wurde, bescherte Milano rund 250.000 Dollar, die sie zum größten Teil in die Gründung einer Suchmaschine mit Namen „Safesearching.com" investierte, die auf Suchbegriffe nur Seiten ausgibt, deren Inhalt jugendfrei ist.

Die Parallelen zwischen Alyssa Milano und Shannen Doherty reichen aber im Übrigen noch weiter, denn Anfang Dezember 1999 wurde bekannt, dass Alyssa die Scheidung von Musiker Cinjun August Tate (Mitglied der Band Remy Zero) eingereicht hatte – nachdem sie erst am 1. Januar 1999 geheiratet hatten. Offiziell wurden für diesen Schritt des seit Ende November 1999 getrennt lebenden Paars unüberwindbare Meinungsverschiedenheiten genannt.

Neben ihrer Arbeit für „Charmed" ist Alyssa Milano auch in einem anderen Metier tätig: Seit Mitte 1999 ist sie die aktuelle Sprecherin des Parfumherstellers „Candie's" und somit in einer Serie von Anzeigen und Werbespots zu sehen.

FILMOGRAPHIE ALYSSA MILANO

FILME
1984 Old Enough
1985 Commando (Commando)
1986 The Canterville Ghost
1988 Crash Course (TV)
1988 Dance Til Dawn (TV)
1989 Speed Zone! (Cannonball-Fieber – Auf dem Highway geht's erst richtig los!)
1992 Little Sister (Immer Ärger mit Robbie)
1992 Where The Day Takes You
1993 Candies In The Dark (TV)
1993 Casualties Of Love: The Long Island Lolita Story (TV; Teenage Lolita – Verlockende Unschuld)
1993 Conflict Of Interest (Hit Back – Die Fährte des Mörders)
1993 Double Dragon (Double Dragon – Die fünfte Dimension)
1993 The Webbers
1994 Confessions Of A Sorority Girl (TV; Deadly Red Corvette)
1994 Embrace Of The Vampire
1995 Bloody Barkers (TV; Public Enemy)
1995 Deadly Sins (Sins – Mörderische Vergebung)
1995 The Surrogate (TV)
1995 Poison Ivy II – Lily (Duplicate)
1996 Fear (Fear)
1996 Glory Daze
1996 Jimmy Zip
1996 To Brave Alaska (TV; Gefangen in klirrender Kälte)
1997 Below Utopia
1997 Goldrush: A Real Life Alaskan Adventure (TV)
1997 Hugo Pool
2000 Buying The Cow

SERIEN
1984-1992 als Samantha Micelli in „Who's The Boss?" („Wer ist hier der Boss?")
1997-1998 als Jennifer Mancini in „Melrose Place" („Melrose Place")
seit 1998 als Phoebe Halliwell „Charmed" („Charmed – Zauberhafte Hexen")

GASTAUFTRITTE IN SERIEN
1995 The Outer Limits (Outer Limits): „Caught in the Act"
1997 Spin City (Chaos City): „They Shoot Horses, Don't They?"
1998 Fantasy Island (Fantasy Island): „Superfriends"

T.W. KING

Andy Trudeau ist Polizist und Prues Ex-Freund, der im Lauf der ersten Season die alte Beziehung zu ihr wieder aufleben lassen kann. Die scheitert aber letztlich daran, dass Prue ihm nicht die Wahrheit über sich und ihre Schwestern sagen will, da sie befürchtet, er könne ihr nicht glauben. Wenngleich beide danach freundschaftlich verbunden bleiben, scheint es für eine engere Beziehung keine Chance mehr zu geben.

Als er schließlich hinter das Geheimnis der Halliwell-Schwestern kommt, sieht es fast aus, als würden er und Prue wieder zusammenfinden. Dieser Eindruck entsteht vor allem in dem Moment, da er seinen Job bei der Polizei hinschmeißt, nachdem die Abteilung für interne Angelegenheiten ein Auge auf ihn geworfen hat, weil sein Name in Verbindung mit mehreren rätselhaften Mordfällen steht. Außerdem hat

er weiterhin Kontakt zu Prue Halliwell. Die neu gewonnene Freiheit ist nicht von allzu langer Dauer, denn Andy Trudeau wird in der letzten Episode der ersten Season von einem Dämon getötet.

Bislang ist von einer Rückkehr des Charakters in die Serie keine Rede gewesen, aber bei praktisch allen Serien, die dem Phantastischen zuzurechnen sind, ist es kein Problem, einen einmal durch Tod ausgeschiedenen Charakter in die Handlung zurückkehren zu lassen.

Gespielt wurde Trudeau von T.W. King, der mit vollem Namen Theodore William King heißt. Er wurde am 1. Oktober 1965 in Hollywood geboren, blieb aber nicht an seiner späteren Wirkungsstätte, sondern wuchs in Bethesda, Maryland, auf. Er besuchte die Tisch School of Arts an der New York University, an der er seinen Abschluss im Fach Filmregie machte. King ist Mitbegründer eines Repertoiretheaters und seit Jahren an den New Yorker Theatern eine feste Größe.

Seine eher spärlichen Auftritte in Film und Fernsehen spielen sich vor allem im phantastischen Genre ab. So spielte er 1997 den Part des Jack Logan in der SF-Serie „Timecop" (nach dem gleichnamigen Comic sowie dem Kinofilm mit Jean-Claude van Damme), die aber nur eine Season überlebte, was weniger an King gelegen haben dürfte als an dem Konzept, das wie eine Mischung aus „Time Tunnel", „Time Trax" und ähnlichen Serien wirkte und nicht wirklich überzeugen konnte. Kings bislang einziger Ausflug ins Kino fand in „Akte X – Der Film" statt.

DORIAN GREGORY

Darryl Morris ist in der ersten Season der Partner von Andy Trudeau, der sich allerdings nur selten als vollwertiger Partner fühlt, da Trudeau ihn aus all den Fällen heraushält, in die die Halliwells verwickelt zu sein scheinen. Erst nach Trudeaus Tod in der letzten Episode der ersten Staffel tritt Morris ab der zweiten Season anfangs verstärkt in den Vordergrund. Für den Schauspieler war das zweifellos eine erfreuliche Entwicklung. Für die Serie aber hätte es durchaus bedeuten können, dass sich das gleiche Spiel wiederholt, von dem die erste Season geprägt war, in der immer die gleichen Polizeibeamten – Trudeau und Morris – an den Tatorten auftauchten, bei denen es einen Zusammenhang zu den Halliwell-Schwestern gab. Das war einer der wenigen Punkte in der Serie, die die Glaubwürdigkeit ganz beträchtlich strapazierten. Indem aber Morris frühzeitig in das Geheimnis der Schwestern eingeweiht wurde, mussten sie sich nicht ahnungslos geben, sondern konnten sogar davon profitieren, da Morris sie fortan mit Informationen versorgte, sobald ein Fall mysteriös wirkte.

Gespielt wird Morris von Dorian Gregory, einem Schauspieler, der bislang wenige Arbeiten vorzuweisen hat – unter anderem den Film „Just Write" von 1997 sowie die Serie „Baywatch Nights", in der er von 1996 bis 1997 als Tieg zu sehen war. Doch Spelling hat auch bei ihm ein gutes Gedächtnis bewiesen: Gregory spielte 1995 in einer Episode von „Beverly Hills 90210" („Home Is Where The Tart Is") einen Wachmann. Belohnt wurde dieser Einsatz mit einer festen bzw. wiederkehrenden Rolle in „Charmed".

BRIAN KRAUSE

Den umgekehrten Weg hinsichtlich der Bedeutung für „Charmed" legte Brian Krause zurück. Er begann als Whitelighter Leo Wyatt mit einem wenige Episoden umfassenden Gastauftritt als vermeintlicher Handwerker, der sich erst später als eine Art Schutzengel für die Halliwell-Schwestern entpuppte und sich – gegen alle überirdischen Gesetze verstoßend – in Piper Halliwell verliebte. Nachdem sein Verhältnis entdeckt worden war, wurde er zurückbeordert und angehalten, Piper aus dem Weg zu gehen. Das wäre wohl auch so gelaufen, wenn sich Piper nicht im Verlauf der zweiten Season mit einer tropischen Krankheit infiziert hätte, die zum Tode geführt hätte, wenn Leo nicht eingeschritten wäre. Die Folge: Leo hat seine Unsterblichkeit verloren und jobbt nun im Club der Schwestern, sehr zum Ärger von Dan, der in ihm zu Recht einen Rivalen in der Gunst um Piper sieht.

Für Brian Krause hat diese Entwicklung bewirkt, dass er vom Gaststar aufgestiegen und als festes Mitglied des Ensembles in den Vorspann gerückt ist. Der am 1. Februar 1972 im kalifornischen El Toro geborene Krause ist seit Ende der achtziger Jah-

re permanent in Film und Fernsehen beschäftigt, einer seiner ersten Auftritte überhaupt fand in der Serie „Highway To Heaven" („Ein Engel auf Erden" bzw. „Ein Engel kehrt zurück") statt. Es folgten TV-Engagements in Serien wie „Tales From The Crypt" („Geschichten aus der Gruft") oder „Walker, Texas Ranger" sowie in der Soap „Another World" und etliche Fernsehproduktionen, darunter die „Bandit"-Filmreihe (1994), „Danielle Steel's 'Family Album'" (1994) und „919 Fifth Avenue" (1995). Im Kino war Krause unter anderem in „Stephen King's Sleepwalkers" (1992), „The Liars' Club" (1993) sowie in „Return To The Blue Lagoon (1991; „Rückkehr zur blauen Lagune") zu sehen.

GREG VAUGHAN

Mit Beginn der zweiten Season gab es einen wichtigen Neuzugang: Dan Gordon, den neuen Nachbarn der Halliwell-Schwestern. Er entwickelt sich nach wenigen Episoden zu Piper Halliwells neuem Freund, nachdem die Beziehung zu Leo Wyatt bis auf weiteres gescheitert scheint. Das ohnehin schon schwierige Verhältnis zwischen Piper und Dan – schließlich kann sie ihm nicht so ganz nebenbei anvertrauen, dass sie eine Hexe ist – wird dadurch noch komplizierter, dass der Whitelighter Leo seine Unsterblichkeit verliert, nachdem er nicht hatte mit ansehen können, wie Piper an einem tropischen Virus stirbt. Da es für Leo keine überirdischen Hindernisse mehr

gibt, kämpft er um Piper – und damit gegen Dan, der die wahren Hintergründe nicht kennt und sich regelmäßig wundert, dass der vermeintliche Handwerker Leo permanent im Haus der Halliwells anzutreffen ist.

Gespielt wird Gordon von Greg Vaughan, der am 15. Juni 1975 in Dallas, Texas, geboren wurde. Für Kenner des Spelling-Serienimperiums ist Vaughan kein Unbekannter: In der Serie „Malibu Shores" war er 1996 in der Rolle des Josh Walker zu sehen, und in der Season 1996/97 hatte er eine wiederkehrende Rolle als Cliff Yeager in „Beverly Hills 90210".

Daneben war er in den Filmproduktionen „No Small Ways" (1997), „Poison Ivy: New Seduction" (ebenfalls 1997), „Children Of The Corn V: Fields Of Terror" (1998) und „Student Affairs" (1999) zu sehen. Gastauftritte hatte Vaughan in Serien wie „Casualty", „Pacific Blue", „Mortal Kombat: Conquest", „The Love Boat: The Next Wave" (auch dies eine Spelling-Produktion) und „Legacy" sowie bei der direkten Konkurrenz in Gestalt von „Buffy The Vampire Slayer" („Buffy – Im Bann der Dämonen"; in der Episode „Der Geheimbund").

KARIS PAIGE BRYANT

Ein recht kurzes Gastspiel absolvierte Karis Paige Bryant, die zu Beginn der zweiten Season der Serie als Jenny die Nichte von Dan Gordon (Greg Vaughan) spielte. Die Jungschauspielerin, die 1985 geboren wurde, war 1990 zum ersten Mal im Fernsehen zu sehen, als sie im TV-Film „A Killing In A Small Town" den Part der Candy spielte. Neben weiteren Fernsehfilmen (1994: „The Substitute Wife"; 1994: „While Justice Sleeps"; 1995: „The Unspoken Truth"; 1996: „The People Next Door") debütierte sie 1999 auch im Kino, leider in der wenig erfolgreichen Produktion „Universal Soldier: The Return" („Universal Soldier: Die Rückkehr").

Der Pilotfilm

PRESENTATION REEL

Wie bei vielen Serien wurde auch vor Beginn der Produktion der eigentlichen Folgen ein Presentation Reel entworfen, das dem Sender eine Ahnung davon geben soll, wie die Serie aussieht und was man davon erwarten kann. Hinzu kommt, dass man auch schon sieht, ob die Chemie zwischen den Darstellern stimmt. „Charmed" machte in dieser Beziehung keine Ausnahme.

Dabei waren zwei der drei Hauptdarstellerinnen anfangs gar nicht für die Serie verpflichtet worden. In die Rolle der Phoebe war Lori Rom geschlüpft. Mit ihr wurde das Presentation Reel gedreht, wobei später die Produktion der Pilotfolge begann, die noch starke Veränderungen durchmachen sollte.

Das Problem an dieser inoffiziellen ersten „Charmed"-Folge war aber, dass sie von Constance M. Burge, der Erfinderin und Produzentin der Serie, in viel zu ausführlicher Weise erzählt wurde. Ihr ursprüngliches Drehbuch bot weit mehr als alles, was man letztlich im Pilotfilm sehen konnte. Neben einer Menge an CGI-Effekten, bei denen sich der böse Warlock am Ende sogar in eine gar gruselige Schlangengestalt verwandelt, gab es noch ein paar Nebenhandlungen und Freunde für die Schwestern.

Von vielem blieb hier aber nichts mehr übrig. Burges Drehbuch hätte gut und gern eine 60-minütige Folge ergeben, weswegen man auch aus Budgetgründen mit dem Schneiden von Szenen und dem allgemeinen Umschreiben begann.

Aus dieser veränderten Geschichte wurde schließlich ein Pilotfilm, dessen Laufzeit gerade noch einmal 35 Minuten betrug. Die meisten der Effekte waren verschwunden, die Auftritte der Freunde der Schwestern zu kurzen Fußnoten zusammengestrichen und die große Geschichte aller Nebensächlichkeiten beraubt.

Inszeniert wurde dieser Film von Bruce Seth Green, der in der ersten Season von „Buffy" bei einigen der besten Episoden Regie geführt hatte und sich nach seinem Ausstieg bei dieser Serie darauf freute, weiterhin im Genre aktiv sein und dabei auch auf eine gute Geschichte und drei schöne Schauspielerinnen zurückgreifen zu können.

Mit diesem Pilotfilm wurde die Serie schließlich verschiedenen Interessenten angeboten, woraufhin das WB Network sich dafür entschied. Gleichzeitig begannen jedoch weitere Veränderungen am Pilotfilm, denen Chris Boyd, der ursprünglich die Rolle von Prues Freund Andy spielte, zum Opfer fiel.

Daraufhin mussten sämtliche Szenen, in denen Andy auftauchte, noch einmal mit T.W. King, dem neuen Darsteller des Polizisten, nachgedreht werden. Die nächste Komplikation ließ hierauf nicht lange warten. Lori Rom hatte sich aus persönlichen Gründen, wie sie später in Interviews sagte, dazu entschlossen, bei der Serie nicht dabei sein zu wollen.

Mitten in der ersten Folge ergab sich nun das Problem, eine neue Hauptdarstellerin finden zu müssen. Um so erstaunlicher, dass Alyssa Milano, die zuvor bei „Melrose Place" mitgespielt hatte, sofort bereit war. Angesichts dieses schnellen Ersatzes ist übrigens auch durchaus denkbar, dass Lori Roms Ausstieg nicht ganz so freiwillig geschah, wie später gesagt wurde.

Tatsache ist jedoch, dass der Wechsel zum klaren Vorteil von „Charmed" ist. Anders als Rom verkörpert Milano genau die richtige Mischung aus Unschuld und berechnender Erotik, die ein wichtiger Bestandteil von Phoebes Charakter ist.

Das Bäumchen-wechsle-dich-Spiel endete aber nicht mit Rom. Auch Bruce Seth Green fiel den Umbesetzungen zum Opfer. Aus nicht näher bezeichneten Gründen wurde er davon freigestellt, den Pilotfilm zu Ende zu inszenieren. Gleichsam wurde auch klar, dass Green bei keiner weiteren Folge der Serie involviert sein würde.

Schon vor dem Beginn der Dreharbeiten zu diesem Pilotfilm bzw. der ursprünglichen Präsentation wurde die Rolle der Piper umbesetzt. Ursprünglich war hierfür Holly Fields verpflichtet worden. Die Schauspielerin, die inzwischen eine Hauptrolle in dem Horrorfilm „Wishmaster II: Evil Never Dies" ergattern konnte, sollte Piper spielen, wurde aber auf Drängen von Shannen Doherty durch Holly Marie Combs ersetzt.

Der Grund hierfür ist denkbar einfach. Doherty und Combs sind seit Jahren eng befreundet und nutzten so die Gelegenheit, auch miteinander zu arbeiten. Kurzzeitig wurde Fields daraufhin als Phoebe in Betracht gezogen, aber die Produzenten glaubten schließlich, dass sie für diese Rolle zu alt wirken würde. Da Fields Karriere durch einige Filmengagements etwas in Bewegung geraten ist, dürfte sie die verpasste Chance, in einer Erfolgsserie wie „Charmed" mitzuwirken, im Nachhinein nicht sonderlich gestört haben.

Charmed
Die 1. Staffel

LEIDER MISSLUNGEN!

NUR FÜR ECHTE FANS!

GUTE UNTERHALTUNG!

SEHENSWERT!

AUF KEINEN FALL VERPASSEN!

EPISODENFÜHRER

01. DAS BUCH DER SCHATTEN (SOMETHING WICCA THIS WAY COMES)

REGIE: John T. Kretchmer
DREHBUCH: Constance M. Burge
GASTSTARS: Eric Scott Woods (Jeremy Burns), Matthew Ashford (Roger), Chris Flanders (Moore), Lonnie Partridge, Charmaine Cruz, Hugh Holub, Francesca Cappoccis

„Die Macht von dreien kann keiner entzweien." – Piper

INHALT:

Die Geschwister Prue und Piper Halliwell leben im Haus ihrer verstorbenen Großmutter. Zu ihnen stößt Phoebe, die einige Zeit in New York verbrachte und ihre Unstimmigkeiten mit Prue hatte. Nun wollen die drei Schwestern wieder zusammenleben. In der ersten Nacht findet Phoebe auf dem Dachboden das „Buch der Schatten". Als sie daraus zitiert, tritt ein Zauberspruch in Kraft, der den Halliwell-Schwestern ihre verdiente Macht gibt. Die Frauen in ihrer Familie waren allesamt Hexen, und nun verfügen auch die drei Schwestern über diese Kräfte.

Noch will es keiner, außer Phoebe, von ihnen glauben, aber tags darauf erkennt Prue, dass sie Dinge mit ihrem Willen bewegen kann. Piper hat die Fähigkeit, die Zeit für wenige Sekunden aufzuhalten, und Phoebe hat Visionen von kommenden Dingen, die meist tragischer Natur sind.

Prue und Piper sind über ihren neuen Status Quo nicht sehr erfreut, während Phoebe die neuen Möglichkeiten begeistert annimmt. Mit ihren Kräften kommen jedoch auch Gefahren. Nun, da sie Hexen sind, besteht das Risiko, dass Warlocks, böse Hexer, ihnen nachstellen und ihnen ihre Kräfte rauben wollen.

Das Privatleben der drei Schwestern ist auch ein einziges Auf und Ab. Während Prue ihren Job als Kuratorin eines Museums kündigt, kann Piper sich als Köchin bewähren. Mit ihrem Freund Jeremy erlebt sie jedoch eine unangenehme Überra-

schung, denn dieser ist ein böser Warlock, der die Halliwell-Schwestern töten will, um sich so ihre Kräfte einzuverleiben. Mit Hilfe ihrer Kraft kann Piper jedoch entkommen. Zu Hause bei den Halliwells bereiten sich die Schwestern darauf vor, gegen Jeremy zu kämpfen. Am Ende verlassen sie sich auf die Macht von Dreien und besiegen den Warlock. Das Leben für die Schwestern hat sich verändert, aber nicht alles muss schlecht sein. Immerhin trifft Prue auch auf ihren alten Freund Andy, der mittlerweile in der Mordkommission arbeitet.

KOMMENTAR:

„Charmed" beginnt mit einer sehr angenehmen Episode, die als Pilotfilm wirklich gut funktioniert. Die Situation wird geklärt, die Charaktere vorgestellt und darüber hinaus gibt es auch noch ein paar hübsche Effekte zu bestaunen. Man merkt natürlich der ersten Episode schon an, dass die Aaron-Spelling-Produktion auch im Fahrwasser von „Buffy – Im Bann der Dämonen" entstand, weil das Thema „junge Leute und übernatürlicher Schrecken" im Moment gerade hip ist.

Dabei ist „Charmed" aber kein plumpes Plagiat, sondern eine wirklich gelungene Serie, die nicht zuletzt der drei sympathischen und attraktiven Darstellerinnen wegen zum Erfolg wurde. Selbst schwächere Episoden werden leicht getragen, da es für das Publikum allein Spaß macht, den Halliwell-Schwestern zuzuschauen.

Ein wenig enttäuschend an „Das Buch der Schatten" ist das Finale, das etwas zu gehetzt daherkommt. Da merkt man der Geschichte an, dass ihr am Ende der Raum fehlte, den Actionpart würdig zu beenden. Der Kampf mit dem Warlock läuft ein bisschen zu glatt, aber das ist nur ein kleinerer Makel dieser Folge, die man als Pilotfolge natürlich eh unter einem etwas anderen Maßstab betrachten muss.

„Das Buch der Schatten" ist ein Remake des Presentation Reels, das die Produzenten benutzten, um dem Sender einen Vorgeschmack zu geben, wie die Serie aussehen sollte. Ein Unterschied ist die Neubesetzung von Phoebe, die durch Alyssa Milano deutlich gewinnt. Man merkt der Episode wie der ganzen Serie an, dass die Schauspielerinnen sich prächtig verstehen, weswegen man sie vom Fleck weg als Schwestern akzeptiert. „Charmed" ist ein Beispiel für eine spannende, humorvolle, oftmals nicht überaus originelle, aber doch stets unterhaltsame Serie, wie man sie sich gerne gefallen lässt.

BEWERTUNG:

02. TEUFLISCHE AUGEN (I'VE GOT YOU UNDER MY SKIN)

REGIE: John T. Kretchmer
DREHBUCH: Brad Kern
GASTSTARS: Michael Philip (Stefan), Neil Roberts (Rex Buckland), Leigh-Allyn Baker (Hannah Webster), Marc Shelton, Bailey Luetgert, Barbara Pilavin, Cynthia King, Julie Araskas (Darlene), Tamara Lee Krinsky (Tia), Ben Caswell (Max Jones), Ralph Manza, Todd Feder, Lou Glenn

„Entweder ist sie der größte Glückspilz auf Erden oder sie ist eine Hexe." – Hannah Webster über Prue

INHALT:

Piper hat Probleme mit ihrem Hexenstatus. Da sie sehr gläubig ist, fürchtet sie, als Hexe nun als böse angesehen zu werden. Als sie auch noch eine Dokumentation über Hexen sieht und hört, dass Gott sie wütend erschlagen hat, als sie versuchten, eine Kirche zu betreten, weiß sie nicht recht weiter. Sie spricht mit einem Pater, aber ihre Sorgen lassen sich nicht sofort vertreiben. Erst mit der Zeit und mit der Hilfe, die sie als gute Hexen anderen Menschen angedeihen lassen, erkennt sie, dass sie kein Werkzeug des Bösen ist.

Prue sucht einen Job und kommt bei dem Auktionshaus Buckland unter, obwohl ihr erstes Auftreten ein wenig peinlich geraten ist. Rex Buckland bietet ihr den Job aber trotzdem an, da sie bestens dafür qualifiziert ist.

Im Quake, dem Restaurant, in dem Piper arbeitet, hat die mittlere der drei Halliwell-Schwestern jede Menge Stress am Hals. Noch größer wird der, als Phoebe und Prue in der Küche zu streiten beginnen, weil Phoebe ihre Kräfte einsetzt, obwohl sie dagegen gestimmt haben. Aber natürlich lässt sich eine solche Abstimmung nicht aufhalten. In dem Moment taucht auch noch Andy auf, und Piper hält versehentlich die Zeit an. Andy merkt zwar nichts, kann sich aber einmal mehr wundern, was sich in Prues Umgebung so alles tut. Umso mehr, da sie ihm nach einer gemeinsamen Nacht aus dem Weg geht.

Weitere Erfahrungen mit dem Bösen machen die Schwestern, als Phoebe sich auf den charmanten Fotografen Stefan einlässt. Dieser ist natürlich nicht das, was er zu sein vorgibt. Vielmehr ist er ein Dämon, der sich seine eigene Jugend erhält, indem er seine Opfer – allesamt Frauen – in Sekundenschnelle altern lässt und ihre Lebensenergie in sich aufnimmt. Als Phoebe sein nächstes Opfer werden soll, kommen ihre Schwestern gerade noch rechtzeitig, um sie zu retten.

KOMMENTAR:

„Teuflische Augen" ist eine Episode, die vor allem der Charakterentwicklung dient. Die eigentliche Geschichte um den Dämon Jaffna, der fremdes Leben stiehlt, gerät in den Hintergrund und ist wenig mehr als Staffage.

Viel wichtiger als der übernatürliche Aspekt sind die einzelnen Charaktere. Man erfährt eine Menge über Piper, deren religiöser Background ihr bei ihrer neuen Rolle als Hexe Probleme bereitet. Besonders geglückt ist dieser Hintergrund, da man Holly Marie Combs mit ihrem Brave-Mädchen-Look natürlich sofort abnimmt, dass sie tief religiös ist. Darüber hinaus ist Piper ein Mensch, der sich zuerst um andere sorgt und jede Initiative ergreift, um anderen, in Not geratenen Menschen, zu helfen.

Was Prue betrifft, so erhält sie hier ihren neuen Job, der noch für einige Turbulenzen sorgen wird. Am interessantesten an diesem Charakter ist aber zweifelsohne, dass sie glaubt, ihr Privatleben auf Grund ihrer Kräfte opfern zu müssen. Sie wäre gerne mit Andy, ihrem ehemaligen Freund, zusammen, fürchtet aber, dass das Geheimnis ihres Hexendaseins immer zwischen ihnen stehen wird. Dieses Thema wird sich ebenfalls durch die ganze Staffel ziehen und schließlich auf eine Weise

enden, wie man es von amerikanischen „Feel Good"-Serien nicht unbedingt erwartet. Phoebe wird als die Draufgängerin der drei etabliert. Sie hätte gerne aktive Kräfte und würde auch am liebsten den einen oder anderen Vorteil daraus ziehen, muss am Ende aber erkennen, dass ihre Kräfte nur zur Hilfe anderer taugen. Damit kann die aufgeweckte Phoebe natürlich leben, ist sie im Herzen doch, ebenso wie ihre Schwestern, ein guter Mensch.

Der übernatürliche Aspekt mit Jaffna wirkt nicht zuletzt wegen der Art, wie er dargestellt wird, ein wenig „cheesy". Die Ausstatter verließen sich hier auf durchdringende Farben, die, gepaart mit der wenig einfallsreichen Maske und den Effekten, den Trashfaktor noch erhöhen. Eines ist natürlich klar: Sieht man „Teuflische Augen" nur als eine Horrorgeschichte, so ist sie Trash und nicht weiter erwähnenswert, aber „Charmed" zeichnet sich durch mehr als das aus. Letztendlich sind es die Charaktere, die den Zuschauer immer wieder zum Einschalten bewegen. Die Geschichten können da durchaus auch einmal in den Hintergrund treten.

MUSIK:

„Torn" von Natalie Imbruglia (Album „Left of the middle")
„Another Day In Paradise" von Phil Collins (Album „Everyone")

BEWERTUNG:

03. DIE FORMWANDLER (THANK YOU FOR NOT MORPHING)

REGIE: Ellen Pressman
DREHBUCH: Chris Levinson, Zach Estrin
GASTSTARS: Markus Flanagan (Marshall), Eric Matheny (Fritz), Mariah O'Brien (Cynda), James Dineen, Brian Krause (Leo Wyatt), Tony Denison (Victor)

„Du nennst ihn auf einmal Dad?" – Phoebe
„Ja, Phoebe, stimmt genau." – Prue

INHALT:

Victor, der Vater der Halliwell-Schwestern, kommt nach San Francisco. Als er Prue aufsucht, ist die alles andere als erfreut,

Kinder waren. Dass er nun schon in der dritten Folge auftaucht, ist eine Überraschung. Man hatte erwartet, dass der Vater irgendwann einmal in den Mittelpunkt rücken würde, aber dass man ihn jetzt schon kennen lernt, ist eine angenehme Entwicklung.

Was sich daraus ergibt ist ein klassischer Vater-Tochter-Konflikt, den man in Film und Fernsehen gewöhnlich eher als Vater-Sohn-Konflikt geboten bekommt. Das Zusammentreffen mit dem Vater sorgt natürlich dafür, dass der Zuschauer die Halliwells noch besser kennen lernt, da sie selbst gezwungen sind, in Bezug auf ihren Vater ihr eigenes Tun zu reflektieren. Der Schmerz, den das Verlassenwerden durch den Vater ausgelöst hat, ist in „Die Formwandler" weitestgehend greifbar und für den Zuschauer voll und ganz nachzuvollziehen. Man nimmt instinktiv die Haltung der Schwestern ein und erwartet, dass der üble Vater sein böses Spiel treibt. Forciert wird das noch durch Phoebes Vision, die ihn als Dieb des Buchs ausweist. Dadurch gelingt es dieser Episode, sowohl den phantastischen als auch den emotionalen Aspekt der Geschichte miteinander zu verbinden. Was bei „Teuflische Augen" strikt voneinander getrennt ist, geht hier eine nahezu perfekte Symbiose ein.

„Die Formwandler" bietet den ersten großen Höhepunkt von „Charmed", da man sowohl phantastisch unterhalten wird als auch der Seifenoperneffekt einsetzt. Besonders hervorzuheben ist hier die Darstellung von Tony Denison, dem es gelingt, die Zerrissenheit des Halliwell-Vaters darzustellen. Das einzige, was man ein wenig bemängeln muss, ist, dass der Hintergrund, warum er die Familie verlassen hat, nicht vollständig geklärt wird. Natürlich erfährt man, dass ihn die Großmutter der Schwestern praktisch aus dem Haus geworfen hat, aber das Warum fehlt ein bisschen. Immerhin bietet die Vergangenheit der Familie gewaltiges Storypotenzial, wie später auch „Zurück in die Vergangenheit" zeigen wird. Da Victor jedoch davon wusste, dass seine Frau eine Hexe war die Kräfte an ihre Tochter weitergegeben hat, hätte man hier ruhig etwas ausführlicher sein können.

Seinen ersten Auftritt hat hier Brian Krause, der den Handwerker Leo Wyatt spielt. Als solcher soll er einige Schäden am Haus der Halliwells in Stand setzen. Natürlich hat es mit Leo sehr viel mehr auf sich, als auf den ersten Blick deutlich wird. Genauso wie Prues Boss Rex Buckland gehört auch er zu den wiederkehrenden Charakteren, die eine interessante Entwicklung durchlaufen.

da sie ihrem Vater nicht verzeihen kann, dass er die Familie verlassen hat. Phoebe und Piper sind da nicht so nachtragend. Da sie sich an ihren Vater nicht erinnern können, wollen sie ihn nun wenigstens kennen lernen.

Victor lädt die Schwestern zum Abendessen ein, wobei Prue nicht gehen will, aber nachdem sie mit Andy geredet hat, entschließt sie sich doch, sich ihrem Vater zu stellen. Während des Essens schockt Victor seine Töchter, indem er ihnen erklärt, dass er um ihre Kräfte und ihr Dasein weiß.

Da gleichzeitig einige Formwandler versuchen, das Buch zu stehlen, fällt der Verdacht auch auf Victor, da er nun, da sie Hexen sind, auftaucht und sich für das Buch interessiert. Als Prue ihn darauf anspricht, gibt er zu, das Buch zu wollen. Allerdings nur aus dem Grund, um seine Töchter zu schützen.

Da die Formwandler keine andere Möglichkeit mehr sehen, das Buch aus dem Haus zu bekommen – ein höchst schwieriges Unterfangen –, rekrutieren sie Victor. Victor geht zum Schein auf das Angebot der Formwandler ein, hat aber seine eigenen Pläne, weil er seine Töchter schützen will. Als er diese aufsucht, tauchen auch die Formwandler auf. Einer von ihnen gibt sich als Victor aus, woraufhin der echte Victor seine Töchter beschwört, sie beide zu vernichten. Das gibt ihnen den Hinweis, wer ihr echter Dad ist. Die drei Schwestern vernichten das Böse in ihrem Haus. Daraufhin könnte mit Victor ein schönes neues Leben beginnen, aber wie so oft rufen ihn die Geschäfte fort.

KOMMENTAR:

Schon in der Pilotfolge wurde etabliert, dass der Vater der drei Schwestern die Familie verlassen hat, als sie alle noch klein

MUSIK:

„Prophecy" von Remy Zero (Album „Villa Elaine")

BEWERTUNG:

04. RENDEZVOUS MIT EINEM GEIST (DEAD MAN DATING)

REGIE: Richard Compton
DREHBUCH: Javier Grillo-Marxuach

GASTSTARS: John Cho (Mark Chao), Patricia Harty (Mrs. Correy), Elizabeth Sung (Mrs. Chao), William Francis McGuire (Nick Correy), Joe Hoe (Tony Wong), Todd Newton, Sherrie Rose (Susan Trudeau), Randelle Grenachia (Frankie)

„Toll, jetzt halten die mich auch noch für 'nen Spanner." – Mark

INHALT:

Der junge Chinese Mark Chao wird grundlos ermordet. Gleichzeitig wird sein Geist freigesetzt. Da er Angst hat, dass ein Dämon der chinesischen Folklore ihn ins Jenseits zerren wird, weil sein Körper keine ordentliche Bestattung erfährt, sucht er nach Hilfe und stößt dabei auf Phoebe, die sich gerade als Hellseherin verdingt, und Piper, die ihr das ausreden will. Piper, die ihn als Hexe sehen kann, ist natürlich schnell bereit ihm zu helfen.

Derweil hat Phoebe eine Vision, in der ein Mann auf der Straße überfahren wird. Sie versucht nun alles, den Mann davon abzubringen, diesen verhängnisvollen Weg zu beschreiten, aber dieser ist nicht gerade sehr erpicht darauf, auf eine Hellseherin zu hören. Prue und Andy müssen sich wieder einmal zusammenraufen, da Prue auf ihren Adonis sauer ist, weil er ihr noch nicht einmal erzählt hat, dass er schon einmal verheiratet war.

Piper und Mark unterhalten sich sehr angeregt. Beide haben sogar ein gemeinsames Faible: das Kochen. Die beiden verstehen einander besonders gut. Wenig später gehen sie zu Marks Mutter, von der sie erfahren, dass sie vom Tod ihres Sohnes noch nichts weiß. Wie sich herausstellt, hält die Polizei Marks schrecklich zugerichtete Leiche für die von Tony Wong, einem Verbrecher, der ihn erschossen hat. Phoebe hat eine Vision. Wie sich schließlich herausstellt, hat Wong Mark getötet, da dieser seinen eigenen Tod vortäuschen wollte.

KOMMENTAR:

„Rendezvous mit einem Geist" ist eine wunderschöne Folge, bei der der Originaltitel übrigens etwas vielschichtiger ist, bezieht er sich doch auf den Begriff „Dead Man Walking", der einen verurteilten Mörder bezeichnet, der seinen letzten Weg zur Exekution antritt.

Diese Episode hat natürlich eine bittersüße Wirkung. Nicht unbedingt, weil ein guter Mensch wie Mark einfach umgebracht, sondern weil eine Zukunft vernichtet wird. Alles, was er noch hätte machen, alles, was er hätte leisten können. Und – schlimmer noch – alles, was er hätte sein können. Ganz besonders für Piper. Beide kommen sich nämlich während ihres kurzen Abenteuers näher. Innerhalb dieser einen Folge erkennt man auch als Zuschauer, dass die beiden ein sehr schönes Paar abgeben würden, aber eine Hoffnung darauf wird es niemals geben. Fast wünscht man sich am Ende, dass Mark nicht ins Jenseits eingehen, sondern auch weiterhin ein Teil der Serie bleiben würde.

Am schönsten ist hier jene beinahe intime Szene, in der Piper mit ihrer Hand über Marks Gesicht streicht, ihm einen Kuss aufhaucht, den dieser natürlich nur erahnen, sich vorstellen kann, da er als Geist vollkommen körperlos ist.

In das Thema der Episode spielen auch die Szenen mit Andy und Prue hinein, da durch Marks Schicksal klar wird, dass man sein Leben nutzen, keine Chance auslassen darf. Darum ist das Spielchen, das Prue treibt, umso bedauerlicher, da es ihr die Chance auf ein gemeinsames Glück nimmt. Und am Ende, wenn alles gesagt und getan ist, wird sich zeigen, dass sie mehr verloren hat, als sie je geglaubt hätte.

Sehr amüsant ist Phoebes Kostüm, das sie als Hellseherin trägt. Damit ähnelt sie doch sehr stark Jeannie aus der Serie „Bezaubernde Jeannie", in der ein umwerfender Flaschengeist seinem Meister mitunter ganz beträchtlich auf die Nerven geht.

MUSIK:

„Secret Smile" von Semisonic (Album „Feeling Strangely Fine")
„Hush, Hush, Hush" von Paula Cole (Album „This Fire")
„Sand and Water" von Beth Chapman (Album „Sand and Water")

BEWERTUNG:

05. TÖDLICHE TRÄUME (DREAM SORCERER)

REGIE: Nick Marck
DREHBUCH: Constance M. Burge
GASTSTARS: Matt Schulze (Whitaker Berman), Neil Roberts (Rex Buckland), J. Robin Miller (Skye Russell), Alex Mendoza (Jack Manford), Tim Herzog (Hans), Rainoldo Gooding, James O'Shea, Bo Clancy, James Howell, Marie O'Donnell (Dr. Black), Todd Howk, Trish Suhr, Doug Spearman

INHALT:

Überarbeitet von ihrem neuen Job wird Prue in ihrem Schönheitsschlaf von seltsamen Visionen gestört, in denen sie von einem ansehnlichen Mann verhöhnt wird. Er ist in der Lage, sich in die Träume von anderen zu schleichen, und es ist ihm bereits gelungen, Frauen während ihres Schlafes zu töten. Inspector Andy Trudeau ist ihm heiß auf den Fersen. Phoebe beschwört einen Zauberspruch, der die Männer anziehen soll, doch dieser stellt sich als zu stark heraus und Phoebe und Piper können nur knapp der Vielzahl ihrer Verehrer entkommen. Nachdem sie ihre Lektion gelernt haben, beenden die Schwestern ihre romantische Zauberei und richten ihr Augenmerk auf Prue, die ins Koma gefallen ist, nachdem der Dämon versucht hat, sie von einem Wolkenkratzer zu stoßen. Zuerst scheinen Prues Kräfte im Traumland keine Wirkung zu zeigen, doch als sich die Schwestern an Prues Krankenbett versammeln, sammelt sie all ihre Kräfte, um den Dämon loszuwerden.

KOMMENTAR:

Mäßig, mäßig. „Tödliche Träume" stellt keinen der wirklichen Höhepunkte der ersten Staffel dar, über den folgerichtig auch nicht zu viele Wort verloren werden müssen. Die von Nick Marck zwar akzeptabel inszenierte Folge kann die Qualität, die „Charmed" im weiteren Verlauf zu einem absoluten Genre-Highlight machen wird, nur ansatzweise unterbringen. Warum? Der ganzen Folge ist anzumerken, dass sie kaum mehr als eine Überbrückung innerhalb der Serien-Kontinuität darstellt,

die die zwar durchaus interessante Ankündigung kommender Ereignisse mit einer leider wenig interessanten Füllerstory kombiniert. Verantwortlich dafür ist primär Alex Mendozas Spiel, das nicht sonderlich gut gefallen kann, weswegen sein Bösewicht auch nicht in der Lage ist, Spannung aufzubauen. Mendoza, der sich bislang primär durch einen erweiterten Nebendarsteller-Part in der nach 13 Episoden vom Bildschirm gebeamten Sci-Fi-Serie „Babylon 5: Crusade" auszeichnen konnte, ist in seinen mimischen Möglichkeiten einfach zu eingeschränkt. Und da auch die Halliwell-Schwestern hier nicht mit der Art emotionaler Szene bedient werden, die sonst ihre Liebe, Verletzlichkeit und Harmonie in den Vordergrund stellt, gibt es für den Zuschauer nur eine vordergründige Abfolge austauschbarer Szenen. Macht aber nichts. „Charmed" bietet so durchgängig ein hohes Niveau, dass ein kleiner Ausrutscher auch mal verziehen werden kann. Wenden wir uns einfach der nächsten Episode zu ...

MUSIK:
„A Stroke Of Luck" von Garbage (Album „Garbage")

BEWERTUING:

06. HÖLLENHOCHZEIT (THE WEDDING FROM HELL)

REGIE: R. W. Ginty
DREHBUCH: Greg Elliot, Michael Perricone
GASTSTARS: Sara Rose Peterson (Jade D'Mon/Hecate), Barbara Stock (Mrs. Grace Spencer), Deeny Consiglio (Kirsten), Neil Roberts (Rex Buckland), Christie Lynn Smith (Allison Michaels), Leigh-Allyn Baker (Hannah Webster), Todd Cattell (Elliot Spencer), Jeffrey Hutchinson (Vater Trask), David Moreland (Charles), James Geralden, Bill Ferrell, Phoenix Nugent, Roy Abramsohn, Thomas Crawford, Jennifer S. Badger, Eileen Weisinger, Leon Franco

„Ich bin nicht schwanger. Glaubt mir." – Piper
„Na ja, wenigstens etwas." – Prue
„Was sagst du da? So ein Glück. Du kannst weiterleben." – Phoebe

INHALT:
Allison und Elliot Spencer wollen heiraten, aber als der weibliche Dämon Hecate auftaucht, wird die Hochzeit abgesagt. Hecate und Elliots Mutter schlossen einst einen Pakt, weswegen Elliot nun büßen muss. Hecate will sich mit ihm paaren und einen Dämon in Menschengestalt gebären, der, mit der Macht der reichen Spencers ausgestattet, zur großen Bedrohung für die Menschheit werden könnte.
Phoebe, die eine Vision dieser Geburt sieht, glaubt zuerst, dass Piper von Hecate besessen ist, da sie einen Schwangerschaftstest im Müll gefunden hat. Tatsächlich befürchtete Piper nur, von Jeremy schwanger geworden zu sein, was aber nicht eingetroffen ist.

Als klar wird, dass man gegen Jade alias Hecate angehen und die Hochzeit zum Platzen bringen muss, sprechen die Halliwells mit Allison, da deren Hilfe vonnöten ist. Gleichzeitig ziehen Andy und sein Partner Erkundigungen ein, da beim Anwesen der Spencers ein Priester ermordet wurde. Dieser Priester war natürlich darauf aus, Hecate zu vernichten, was Andy wieder einmal sehr verdächtig werden lässt. Immerhin ist dies nicht der erste Fall, bei dem nicht alles mit rechten Dingen zuzugehen scheint.

KOMMENTAR:
„Höllenhochzeit" ist eine belanglose und – schlimmer noch – eher langweilige Episode, was zu einem guten Teil daran liegt, dass es diesmal fast nur um die Dämonengeschichte geht. Abschnitte, die der Charakterentwicklung dienen, kommen kaum vor. Zwar gibt es kurze Szenen zwischen Prue und Andy, aber die bringen letztlich nichts, das man nicht auch schon in den bisherigen Episoden gesehen hätte. Eine etwas zügigere und konsequentere Entwicklung würde man sich an dieser Stelle schon wünschen.
Das einzig wirklich interessante Element von „Höllenhochzeit" ist Pipers Angst, schwanger zu sein. Ist diese Angst so schon bestens nachvollziehbar, wird sie hier noch verstärkt, da ein Kind natürlich der Nachkomme eines Dämons wäre.
Ansonsten bleibt nur die Dämonenhandlung um Hecate, die weder besonders originell noch wirklich fesselnd ist. Irgendwie erscheinen die Ingredienzien der Geschichte nur zu gut bekannt zu sein. Verstärkt wird das Gefühl noch durch das Monster-Make-up, das man so oder ähnlich schon des öfteren bei „Buffy – Im Bann der Dämonen" gesehen hat.
Wenn die Schwestern in einer Episode nicht glänzen können, muss die Story schon exzellent sein. Ansonsten bleibt nicht viel, weshalb man als Zuschauer einschalten würde. „Höllenhochzeit" kann man ruhig verpassen. Weder ist sie besonders wichtig noch besonders unterhaltsam, aber schließlich kann nicht jede Folge ein Highlight sein. Bei Serien muss man auch mit der gelegentlichen „Gurke" leben können.

MUSIK:
„Evidence" von Tara Maclean (Album „Silence")

BEWERTUNG:

07. SCHWESTER DER NACHT (THE FOURTH SISTER)

REGIE: Gil Adler
DREHBUCH: Edithe Swensen
GASTSTARS: Danielle Harris (Aviva), Brian Krause (Leo Wyatt), Rebekah Carlton (Kali), Rebecca Balding (Tante Jackie)

„Zu der Zeit hatte ich überhaupt noch keine Brüste." – Phoebe
„Oh doch, du hattest schon immer Riesenbrüste." – Piper

INHALT:

Piper und Phoebe interessieren sich für Leo. Da Phoebe ihr übliches aggressives Verhalten an den Tag legt, ist Piper etwas wütend. Immerhin ist es nicht das erste Mal, dass ihre Schwester versucht, ihr den Freund auszuspannen. Was folgt, ist ein Zweikampf der beiden, bei dem der Preis die Gunst von Leo ist.

In das Leben der Halliwells platzt die junge Frau Aviva. Wie die drei ist auch sie eine Hexe, doch sie folgt einem Plan, der den Halliwells zum Verhängnis werden könnte. Angeleitet wird sie von der Dämonin Kali, die die Vernichtung der Halliwell-Schwestern plant.

Prue ist über Avivas Erscheinen nicht gerade erfreut. Umso mehr, da sie ihretwegen zweimal ein Rendezvous mit Andy platzen lassen muss. Wenig später, als Aviva wieder zu Hause bei ihrer Tante ist, geschieht ein Unfall, an dem sie sich die Schuld gibt. Daraufhin wird sie von Kali angestiftet, Prue aus dem Verkehr zu ziehen, da das der Schlüssel zum Kreis der Hexen ist. Am Ende erkennt Aviva, dass Kali sie und ihre Sehnsucht nach einer echten Familie nur ausgenutzt hat.

KOMMENTAR:

„Schwester der Nacht" ist eine gut gemachte Episode, die die Fehler des Vorgängers leicht vergessen macht. Hier stimmt einfach alles. Der Horrorpart verbindet sich mit dem Charakterelement. Einmal mehr wird durch die übernatürlichen Vorgänge die Beziehung von Andy und Prue gestört. Nach mehreren geplatzten Rendezvous ist Andy gewillt, endlich einen Schlussstrich zu ziehen, weswegen er erst einmal auf Abstand geht.

Sehr nett mitzuverfolgen ist auch der Konkurrenzkampf von Phoebe und Piper, bei dem sie Leo jeweils ein paar Lügen auftischen, um sich selbst im Vergleich zur Schwester interessanter zu machen. Es zeichnet sich hier auch schon ab, dass Phoebe bei diesem Kampf um die Liebe den Kürzeren zielt, selbst wenn das Geplänkel auch in der nächsten Folge noch nachwirkt. Die Haupthandlung um Aviva ist sehr gut gelungen, da man nicht nur einen schurkischen Dämon geboten bekommt, sondern jemanden, der nicht wirklich schlecht ist, sondern nur auf den falschen Pfad geführt wurde. Aviva ist ein Teenager, der mit allen Sorgen und Problemen, die mit diesem Alter einhergehen, zurechtkommen muss, wobei sie sich als Hexe noch einsamer und ausgegrenzter fühlt als ohnehin schon. Insgesamt betrachtet, ist auch sie ein Charakter, der über eine große Menge Potenzial verfügt, weswegen es ein bisschen schade ist, dass man sie in der Serie nicht wenigstens noch einmal zu sehen bekommt.

08. DER WAHRHEITSZAUBER (THE TRUTH IS OUT THERE ... AND IT HURTS)

REGIE: Jim Contner
DREHBUCH: Zach Estrin, Chris Levinson
GASTSTARS: Brad Greenquist (Gavin), Michelle Brookhurst (Tanya Parker), Brian Krause (Leo Wyatt), Leigh-Allyn Baker (Hannah Webster), Neil Roberts (Rex Buckland), Jason Stuart, Richard Gilbert-Hill, Craig Thomas (Alex Pearson)

„Wieso tust du das?" – Piper
„Piper, wir beide wissen doch ganz genau, dass ich nur ein Auge auf Leo geworfen habe, weil du ihn magst." – Phoebe

INHALT:

Prue will wissen, wie Andy reagierte, wenn er erfahren würde, dass sie eine Hexe ist. Darum sucht sie im „Buch der Schatten" nach einem Zauberspruch, der ihr behilflich sein könnte. Sie findet einen Wahrheitszauber, der alle im Haus betrifft. Für einen Tag lang kann keiner von ihnen mehr die Unwahrheit sagen. Auf der anderen Seite muss auch jeder, mit dem sie sprechen, die Wahrheit sagen.

Phoebe nutzt das, um Andy einige Fragen zu Mordfällen zu stellen. Sie hat in einer Vision gesehen, wie eine Frau starb und sucht nun nach ihr, um sie zu retten. Ihrer Schwester Piper muss sie unter dem Einfluss des Zaubers gestehen, dass sie an Leo nur interessiert ist, weil ihn Piper auch will. Während Prue sich darauf vorbereitet, mit Andy zu sprechen, und Phoebe gegen den Dämon Gavin antritt, um sein nächstes Opfer Tanya zu retten, nutzt Piper die Gelegenheit und fragt Leo, ob er an ihr interessiert ist. Beide fallen sich schließlich in die Arme.

Während Phoebe bei sich zu Hause mit Tanya spricht, kündigt Piper ihren Job, da ihr Boss Martin sie nur ausnutzt, bekommt ihn später unter besseren Konditionen jedoch wieder zurück. Prue gesteht Andy, dass sie in Wirklichkeit eine Hexe ist, was für ihn doch als Schock daherkommt.

Phoebe erkennt, was Gavin vorhat. Der Dämon stammt aus der Zukunft und ist in der Zeit zurückgereist, um all jene zu töten, die in der Zukunft ein Mittel gegen ihn entwickeln. Als Gavin Prue auflauert, wohl wissend, dass sie weiß, wo Tanya ist, erfährt diese mit Hilfe des Zaubers die ganze Wahrheit von ihm. Kurz darauf kommt es zum Kampf, bei dem Gavin vernichtet werden kann. Prue spricht noch einmal mit Andy, der einfach nicht damit zurechtkommt, dass sie eine Hexe ist. Wenige Sekunden später endet der Zauber und Andy hat alles vergessen.

KOMMENTAR:

Die Geschichte von „Der Wahrheitszauber" ist wahrlich gut geworden. Der Grund für die Zeitreise des Dämons ist natürlich einfach gestrickt – mehr oder minder eine Variation des Hitchcock'schen MacGuffins. Trotzdem ist die Idee, dass irgendwann in der Zukunft ein Mittel gegen Dämonen gefunden wird, faszinierend. Immerhin setzt dies einen wahren Krieg voraus, durch den die Menschheit die Existenz dämonischer Wesen akzeptiert. Zu gern würde man mal einen Blick in diese Zukunft werfen.

Brian Krause wurde am 1. Februar 1969 im kalifornischen El Toro geboren. Obwohl er heutzutage nicht zu den großen Stars gehört, ist er Film- und Fernsehfreunden doch kein Unbekannter mehr. Einer seiner frühesten Filme ist „Die Rückkehr zur blauen Lagune", wo er an der Seite von Milla Jovovich auf sich aufmerksam machte. 1992 erhielt er die Hauptrolle in dem sehenswerten Horrorfilm „Stephen Kings Schlafwandler", der nach einem Originaldrehbuch des Meisters entstand. Seitdem hat man ihn in mehreren „Bandit"-Fernsehfilmen gesehen. Zu seinen neuesten Werken gehören „Trash" und „Dreamers". Der verheiratete Krause, Vater eines Kindes, gehört bei „Charmed" mit zu den beliebtesten Nebencharakteren.

Auch Danielle Harris ist Horrorfans keine Unbekannte. Die am 1. Juni 1977 in New York geborene Schauspielerin begann schon im Kindesalter mit ihrem Beruf. Mit dem vierten und fünften Teil von „Halloween" wurde Harris nach einiger Zeit bei einer Daily Soap bekannt. Zu sehen war sie auch in den Filmen „Last Boy Scout" und „Daylight", wo sie mit Bruce Willis und Sylvester Stallone zusammenarbeitete. Mit „Düstere Legenden" kehrte sie 1998 ins Horrorgenre zurück. Sitcom-Fans fiel die quirlige Harris in einer wiederkehrenden Rolle bei „Roseanne" auf. Interessanterweise spielte sie in einer Filmbiographie von Roseanne auch deren echte Tochter.

Übrigens: Alyssa Milano wird seit dieser Episode in der Rangliste der Darsteller an dritter Stelle, direkt hinter Shannen Doherty und Holly Marie Combs, und nicht mehr am Schluss genannt.

MUSIK:

„Wheel" von Uma (Album „Fare Well")
„Lady In The Lake" von Elsian Fileds (Album „Bleed You Cedar")

BEWERTUNG:

Neben der spannend gestalteten Geschichte brilliert „Der Wahrheitszauber" durch viel Humor, der sich vor allem daraus ergibt, dass jeder die Wahrheit sagen muss. Das führt zu ein paar hübschen Versprechern der Halliwell-Schwestern.

Die Beziehung zwischen Prue und Andy nimmt ein vorläufiges Ende, aber natürlich kreisen die beiden Liebenden auch in den kommenden Folgen noch umeinander.

Dass mit Rex Buckland und seiner Kollegin Hannah Webster nicht alles mit rechten Dingen zugeht, deutete sich schon in einigen der vorherigen Episoden an, wenngleich kein direkter Hinweis darauf gegeben wurde, was sie vorhaben. Hier jedoch zeigt sich schon die wahre Mission der beiden – Hannah drückt es mit „Es ist meine Mission, Sie zu vernichten" aus –, woraufhin man erkennt, dass die beiden keine normalen Menschen sind. Weiter wird dieser Plot aber nicht entwickelt. Der große Showdown soll erst in den folgenden Episoden stattfinden. Bis dahin bleiben Rex und Hannah auch unglücklich, aber am Ende zeigen sie ihr wahres Gesicht.

Neil Roberts ist neben „Charmed" noch am ehesten aus der recht gefälligen Comic-Verfilmung „Nick Fury, Agent of S.H.I.E.L.D." bekannt. Außerdem wirkte er in Gastrollen bei „Beverly Hills 90210", „Babylon 5" und „Sliders" mit. Kurioserweise werden seine Auftritte in „Charmed" in der Internet Movie Data Base, der umfangreichsten Filmsite, nicht erwähnt.

Der Originaltitel bezieht sich auf das Motto der „Akte X" – „Die Wahrheit ist dort draußen" –, fügt aber gleichzeitig noch einen Zusatz bei. Vom Gefühl her wie auch der Story im Allgemeinen erinnert die Episode ebenfalls an die Mystery-Kultserie.

MUSIK:

„One More Murder" von Better Than Ezra (Album „How Does Your Garden Grow")

„Love and Terror" von Merril Brain Brigade (Album „Between The Days")

BEWERTUNG:

09. RÜCKKEHR AUS DEM JENSEITS (THE WITCH IS BACK)

REGIE: Richard Denault
DREHBUCH: Sheryl J. Anderson
GASTSTARS: Billy Wirth (Matthew Tate), Tyler Layton (Melinda Warren), Brian Krause (Leo Wyatt), Neil Roberts (Rex Buckland), Leigh-Allyn Baker (Hannah Webster), Terry Bozeman, Michael Mitz, Catherine Kwong, Jodi Fung

„Seid gepriesen, meine Töchter!" – Melinda Warren zu den Halliwells

INHALT:

Vor Jahrhunderten versuchte der Hexer Matthew Tate die Kräfte von Melinda Warren, einer Vorfahrin der Halliwell-Schwestern, zu rauben. Melinda wurde seinerzeit verbrannt, aber zuvor fing sie Matthew in einem Medaillon, aus dem er jetzt ent-

kommen kann. Als Prue auf ihn trifft, wird ihr klar, dass sie gegen diesen mächtigen Hexer, der ihre Kräfte kopieren und damit immun gegen sie wird, nur wenig ausrichten können. Phoebe kommt zu der Überzeugung, dass es am besten ist, Melinda zu beschwören. Mit einem Blutschwur wird Melinda wieder zum Leben erweckt. Sie soll helfen, Matthew erneut zu bannen.

Matthew, der auf der Suche nach den Halliwells ist, wird von Rex und Hannah unterstützt, die ihn benutzen wollen, um so an die Kräfte der drei Schwestern zu gelangen. Wenig später kann sich Matthew auch die Fähigkeiten von Phoebe aneignen. Während Prue nach einer Ingredienz für den Bannspruch sucht, eilen Phoebe und Piper nach Hause zurück, wo Melinda auf Matthew getroffen ist, diese Begegnung aber überlebt hat. Alles wird noch komplizierter, weil Andy in Matthews Fall verwickelt ist, weswegen Prue sich einmal mehr gezwungen sieht, ihren Ex-Freund anzulügen. Sie lässt ihn schließlich hinter sich und kehrt nach Hause zurück. Dort will man den Bannzauber vollbringen, aber Matthew versucht, dieses Vorgehen zu durchkreuzen.

KOMMENTAR:

Interessant an der Hauptgeschichte von „Rückkehr aus dem Jenseits" ist, dass sie mit der fortlaufenden Handlung Rex und Hannah betreffend verquickt wird. Dabei wird deutlich, dass die beiden verzweifelt sind. Noch weiß man nicht, woher diese Verzweiflung kommt, aber es wird klar, dass sie ein hässliches Schicksal erleiden werden, wenn es ihnen nicht gelingt, die Kräfte der Halliwell-Schwestern an sich zu reißen.

Das macht Rex und Hannah zu einem ungleich interessanteren Duo, da sie nun nicht nur als abgrundtief böse dargestellt werden, sondern man ob ihrer Angst sogar ein wenig Mitleid mit den beiden empfinden kann.

Gleichzeitig wird mit „Rückkehr aus dem Jenseits" die nächste Folge vorbereitet, in der es nicht nur zum Showdown mit Rex und Hannah kommt, sondern auch die inzwischen stark ins Bröckeln geratene Beziehung von Andy und Prue wieder aufgegriffen wird. Schon hier ist auf Grund der Geheimnisse, die Prue nicht mit Andy teilen will, ein Bruch spürbar, da Andy sogar so weit geht, einen Haftbefehl beantragen zu wollen. Da er aber gleichzeitig wegen des vorzubringenden Delikts – dem Diebstahl einer Feder aus dem Museum – keine großen Chancen hätte, hört er auf seinen Kollegen und lässt die Sache fallen.

Eine weitere Entwicklung erfährt die Beziehung zwischen Piper und Leo. Die schüchterne Piper findet endlich den Mut, Leo zu fragen, ob er mal mit ihr ausgehen will. Dass Leo an ihr interessiert ist, zeigt sich dann auch sehr schnell. Ohnehin gehört die Beziehung zwischen Piper und Leo auch in den kommenden Folgen mit zu den interessantesten Aspekten der Serie, was umso mehr gilt, da sich die Autoren noch den einen oder anderen Zwist einfallen lassen, um das Ganze prickelnd und spannend zu gestalten.

Die Idee, eine tote Verwandte der Halliwells zurückzubringen, ist an sich gar nicht schlecht, aber dann muss man sich natürlich die Frage stellen, warum die Schwestern diese Möglichkeit nicht nutzen, um auch mal mit ihrer toten Mutter oder Großmutter zu sprechen. Natürlich dürfen sie ihre Kräfte nicht zum eigenen Nutzen einsetzen, aber ein solcher Fall wäre wohl etwas diffiziler als wenn man nur versucht, die Lottozahlen der nächsten Woche herauszufinden.

MUSIK:

„In The Air Tonight" von Holly McNarland

BEWERTUNG:

10. MACHTLOS (WICCA ENVY)

REGIE: Mel Damski
DREHBUCH: Brad Kern, Sheryl J. Anderson
STORY: Brad Kern
GASTSTARS: Neil Roberts (Rex Buckland), Leigh-Allyn Baker (Hannah Webster), Brian Krause (Leo Wyatt), Al Rodrigo (Jaime), Tim Stark

„Ich war irgendwie nervös, und aus Versehen hab ich ihn ständig erstarren lassen." – Piper
„Piper, das ist nicht dein Ernst." – Prue
„Es war keine Absicht. Jedenfalls nicht am Anfang." – Piper

INHALT:

Rex und Hannah ergreifen die Initiative. Mit Hilfe seines Astralleibs sorgt Rex dafür, dass Prue ein Diadem aus dem Auktionshaus mitnimmt. Wenig später wird es als gestohlen gemeldet, und Rex kümmert sich darum, dass das Diadem im Haus der Halliwells versteckt wird. Andy und sein Partner untersuchen den Fall, wobei der Verdacht auf Prue fällt. Darum beginnen sie mit einer Hausdurchsuchung, bei der sie das Diadem beinahe entdecken. Verhindert wird dies nur durch Piper, die sie erstarren lässt.

Wenig später, als Prue abends ins Büro geht, um Beweise gegen Hannah zu suchen – sie hält sie für die Schuldige – sieht es schließlich so aus, als hätte sie einen Wachmann ermordet, woraufhin sie verhaftet wird.

Phoebe und Piper stellen Nachforschungen an und finden heraus, dass mit Rex, der zuvor noch so nett war und ihr sogar einen Job angeboten hat, nicht alles mit rechten Dingen vor sich geht. Kurz darauf befreien sie Prue, was von Rex doku-

mentiert wird. Nun hat er die Hexen am Wickel und möchte sie dazu zwingen, ihre Kräfte freiwillig herzugeben.

Derweil unternimmt Andy einige Nachforschungen und findet heraus, dass Rex und Hannah eigentlich tot sind und nun Betrüger ihre Namen tragen. Die drei Schwestern vollführen einen Zauber, der ihnen ihre Kräfte nimmt und in einer Laterne sammelt. Diese sollen sie Rex und Hannah, die inzwischen die Gestalt eines Panthers hat, geben.

Als Rex versucht, die Schwestern zu töten, funkt ihm Leo dazwischen. Leo ist ebenfalls mehr, als er zu sein scheint. Im Haus der Halliwells sorgt er dafür, dass die Hexen ihre Kräfte zurückbekommen, woraufhin die beiden ihres Versagens wegen verschwinden und wohl in die Hölle einfahren, wo es für sie keine Hoffnung gibt. Nach bestandenem Abenteuer kehrt Prue ins Gefängnis zurück, wo sie am nächsten Morgen von Andy befreit wird.

Am Ende verabschiedet sich Leo von Piper und ihren Schwestern, da er für einige Zeit unterwegs sein wird.

KOMMENTAR:

Mit „Machtlos" schließt sich der Subplot zu Rex und Hannah, wobei es ein wenig bedauerlich ist, dass man nicht genau erfährt, vor wem sie Angst hatten und wohin es sie am Ende verschlagen hat. Der Teufel mag die schnellste Antwort sein, aber klingt er so faszinierend wie ein vielleicht neuartigeres, originelleres Konzept?

Nichtsdestotrotz ist dies eine ausgezeichnete Episode, die wieder einmal den typischen „Charmed"-Humor mit einer phantastischen Geschichte würzt. Der Humor der Serie ist – anders als etwa bei „Buffy – Im Bann der Dämonen" – nicht vor allem von den Dialogen abhängig, sondern eher situationsbedingt. Darum fehlen die extrem coolen Sprüche, die es zumindest im „Buffy"-Original immer gibt, aber dafür wartet die Serie mit einer anderen Art des Humors auf. Besonders auffällig bei „Machtlos" ist die Szene, in der Rex in seiner Astralform den Polizisten aufzeigt, wo das Diadem versteckt ist, woraufhin Piper ständig eingreifen muss und sogar Rex' genervte Kommentare nachplappert.

Interessant an Rex und Hannah sind ihre Fähigkeiten, die man bisher nicht zu sehen bekommen hat (abgesehen von einer Gelegenheit, wo Hannah mit ihrem Atem eine Zigarre zum Brennen brachte). Speziell die Möglichkeit des Astralleibs bietet eine Menge Potenzial, das bei „Machtlos" auch in jeder Beziehung genutzt wird. Dadurch, dass beide einen aktiveren Part einnehmen, wird diese Episode im Vergleich zu den anderen, in denen die beiden mit von der Partie waren, kräftig aufgewertet.

Noch interessanter als Rex und Hannah ist jedoch Leo, der hier zeigt, dass er mehr als nur ein Handwerker ist. Die Inszenierung lässt anfangs vermuten, dass Leo nichts als ein weiterer Warlock ist, der den Kräften der Schwestern nachstellt, aber als er ihnen am Ende hilft und praktisch im Nichts verschwindet, sieht es schon ganz anders aus. Was es mit Leo genau auf sich hat, zeigt sich jedoch erst später.

MUSIK:

„She's So High" von Tal Bachman (Album „Tal Bachman")

BEWERTUNG:

11. DER FLUCH DER URNE (FEATS OF CLAY)

REGIE: Kevin Inch
DREHBUCH: Michael Perricone, Greg Elliot, Chris Levinson, Zack Estrin
STORY: Javier Grillo-Marxuach
GASTSTARS: Victor Browne (Clay), Stacy Haiduk (Wächterin der Urne), Eddie Bowz (Palmer Kellogg), Allen Cutler (Doug), Niklaus Lange (Wesley), Carolyne Lowery (Shelly), Ming Lo, Cristine Rose (Claire Pryce), Sean Moran, Allan Hunt

„Du hast bis jetzt überhaupt nicht gesagt, was du so machst." – Clay
„Ich beschütze die Unschuldigen vor dem Bösen." – Phoebe

INHALT:

Clay, ein alter Freund von Phoebe aus ihrer Zeit in New York, hat in Ägypten mit einigen Partnern eine wertvolle Urne gestohlen. Jedoch hat er nicht damit gerechnet, dass auf der Urne ein Fluch liegt und die Wächterin der Urne jedem der Die-

be nun nachstellt. Einige seiner Kollegen sind schon ums Leben gekommen. Nun versucht Clay, wieder in den USA, die Urne loszuwerden. Er sucht Phoebe auf und hofft, dass die Urne über Prues Auktionshaus verkauft werden kann. Die schätzt die Urne auch, wird dann aber von Claire Pryce, die die Geschäftsführung des maroden Betriebs übernommen hat, darauf hingewiesen, dass die Urne gestohlen wurde.

Zudem findet Prue heraus, dass die Urne verflucht ist und deren Wächterin jeden der habgierigen Diebe mit einem schrecklichen Tod straft. Als Prue Phoebe mit dieser Neuigkeit konfrontiert, will diese erst nicht glauben, dass Clay das getan hat. Zumindest jedoch hält sie ihm zugute, dass er keineswegs vorhatte, ihr Leben zu riskieren.

Als Clay vom Tod eines weiteren Partners hört, will er verschwinden, aber Phoebe sucht ihn in seinem Hotel auf. Bei einer ihrer Visionen sieht Phoebe, dass Clay von der Wächterin bedroht wird. Gerade als die beiden mit Prue reden wollen, taucht die Wächterin auf, aber als sie Clay mit einer Schlange töten will, gerät Phoebe in Gefahr, woraufhin Clay bereit ist, sich zu opfern. Diese Opferbereitschaft besänftigt die Wächterin.

KOMMENTAR:

Was die Originalität betrifft, ist „Der Fluch der Urne" nicht unbedingt ein Meilenstein der Film- bzw. Seriengeschichte. Grabräuber, die von einem Fluch dahingerafft werden, gibt es

12. WENDIGO (THE WENDIGO)

REGIE: James L. Conway
DREHBUCH: Edithe Swenson
GASTSTARS: Jocelyn Seagrave (Agent Ashley Fallon), Billy Jayne (Billy Waters), J. Karen Thomas (Harriet Lane), Charles Chun (Laurence Beck), Cristine Rose (Claire Pryce), Richard S. Wolf, Christina Milian (Teri Lane), William Dixon

„Haltet euch aus meiner Welt raus, sonst drehe ich euch den Hals um." – Piper

INHALT:

Piper bleibt mit dem Wagen liegen und wird von einer werwolfartigen Kreatur angegriffen. Nur der beherzten Hilfe von Billy Waters ist es zu verdanken, dass Piper lediglich mit einer Kratzwunde davonkommt. Zusammen mit Billy, dessen Freundin von der Kreatur getötet wurde, beginnt Piper, die sich zunehmend schlechter fühlt, mit ihren Nachforschungen. Dabei findet sie heraus, dass es sich bei der Kreatur um einen Wendigo handelt.

Der Fall wird von Andy und der FBI-Agentin Ashley Fallon untersucht. Beide arbeiten recht gut zusammen, aber als Billy alleine mit Fallon spricht und ihr von dem Wendigo erzählt, erkennt er, dass die Agentin die Kreatur ist, woraufhin diese ihn umbringt.

Derweil sucht Phoebe, die wieder eine Version hatte, nach einem vor Jahren verschwundenen Kind. Am Ende findet sie es auch und kann die verlorene Tochter mit der Mutter zusammenbringen. Piper hat dagegen ganz andere Probleme. Sie wurde vom Fluch des Wendigo infiziert und beginnt, sich langsam zu verändern. Derweil streifen Andy und Fallon im Park umher, wo der nächste Angriff des Monsters erwartet wird, aber natürlich hat Fallon es auf den Polizisten abgesehen. Phoebe hat eine Vision und sieht, dass Andy angegriffen wird. Piper wird gefesselt, damit sie keinen Schaden anrichten kann, woraufhin Phoebe und Prue in den Park fahren. Sie kommen gerade noch rechtzeitig, um ihn zu retten, wobei zwei Wendigos auftauchen, denn Piper konnte sich losreißen. Es gelingt den Schwestern jedoch, den richtigen Wendigo zu vernichten, wodurch Piper gerettet und von dem Fluch erlöst wird.

zuhauf. Für gewöhnlich agieren zwar Mumien als Verkünder und Vollstrecker solcher Flüche, aber eine erotisch angehauchte Wächterin der Urne ist da ja nicht wirklich so weit entfernt.

Da man den Ablauf der Geschichte insofern kennt – selbst das Motiv des zurückkehrenden Verflossenen, der früher nicht unbedingt der beste Kerl war, ist nicht wirklich neu –, kommt bei dieser Episode nicht allzu viel Spannung auf.

Trotzdem hat sie natürlich ein paar Szenen, die nett anzusehen sind. Am unterhaltsamsten sind hier sicherlich Pipers Versuche, dem Kellner Doug zu helfen. Doug, unsterblich in Shelly verliebt, ist seit der Trennung ein totaler Schussel, weswegen Piper immer wieder die Zeit anhält, um ihm unter die Arme zu greifen, wenn er wieder mal was zerdeppert. Am Ende schließlich wäre all das gar nicht nötig gewesen, denn ein solcher Zwischenfall war es schließlich, der nötig war, um Doug und Shelly wieder zueinander zu bringen.

Ansonsten reißt Stacy Haiduk bei dieser eher gemächlichen Folge eine ganze Menge heraus. Ihre Rolle ist zwar auch nicht gerade oscar-verdächtig, aber schließlich ist es nie verkehrt, der attraktiven Schauspielerin bei der Arbeit zuzusehen.

Die am 24. April 1968 in Grand Rapids, Michigan, geborene Stacy Haiduk, wurde durch die Rolle der Lana Lang in der wirklich gelungenen „Superboy"-Serie bekannt. Weitere Serien, in denen sie in Hauptrollen mitwirkte, waren „Der Clan der Vampire" und die erste Staffel von Steven Spielbergs „seaQuest DSV". Vor allem männlichen Fans der Schauspielerin sei der 1990 entstandene Horrorfilm „Luther, the Geek" empfohlen, da man hier Aussichten von Stacy Haiduk geboten bekommt, auf die so mancher vielleicht schon länger gewartet hat. Stacy Haiduk wurde im letzten Jahr der High School zur Frau mit den schönsten Augen gewählt – da kann man nur zustimmen.

MUSIK:

„Inside Out" von Eve6 (Album „Eve6")
„Good Enough" von Sarah McLachlan
(Album „Fumbling Towards Ecstasy")

BEWERTUNG:

KOMMENTAR:

Mit „Wendigo" betritt die Serie erstmals ein richtiges Horrorfeld. Natürlich gehören auch Dämonen dem Bereich des Horrors an, aber so gut wie in dieser Folge wurde die Serie noch nie zuvor als Horrorstoff umgesetzt.

Dabei beweist die Autorin Feingespür, indem sie das Monster nicht zum ordinären Werwolf macht, sondern ihm einen etwas anderen Hintergrund gibt. Der Wendigo, ein Monster, das den Legenden nach einst ein normaler Mann war, dann jedoch in einer verzweifelten Lage Menschenfleisch essen musste und als Strafe dazu verflucht ist, als Halbwesen durch die Welt zu streifen, hat natürlich eine gewisse Verwandtschaft zum Werwolf, ist aber letztlich doch etwas anderes. Dabei wird die Legende vom Wendigo hier noch etwas umgebaut, sodass man der Autorin zu einer schön gemachten Neuinterpretation gratulieren kann.

13. LIEBE IST DIE STÄRKSTE MACHT (FROM FEAR TO ETERNITY)

REGIE: Les Sheldon
DREHBUCH: Tony Blake, Paul Jackson
GASTSTARS: Billy Drago (Angstdämon), Kimberly Kates (Tanjella), Steve Wilder (Lucas Devane), Jodie Hanson (Zoe), Allen Cutler (Doug), Dailyn Matthews (Susan Warner), Evan O'Meara (Richard Warner)

„Deine größte Angst ist es, deine Schwestern zu verlieren." – Angstdämon zu Phoebe

INHALT:

Ein Angstdämon kommt nach 1300 Jahren auf die Erde zurück. Er muss 13 unverheiratete Hexen vernichten, damit er auf ewig in dieser Sphäre verweilen kann. Nach den ersten Morden, die auch Prue und ihren Schwestern auffallen, wird Andy wieder einmal darauf aufmerksam, dass die Halliwells mitten ins Geschehen verstrickt sind. Wie üblich kann er sich keinen Reim darauf machen und wie üblich bekommt er von Prue keine befriedigende Antwort.

Während Piper mit ihrem Aberglauben zurechtkommen muss und am Freitag, dem 13., verhindern will, einen neuen Mann kennen zu lernen, da das Unglück bringen soll, wodurch sie letztlich einen durchaus interessanten Kerl einfach ziehen lässt, gerät Phoebe in Gefahr. Sie hat wieder einmal einen neuen Job angenommen und – da er wirklich nicht das Gelbe vom Ei war – diesen auch wieder gekündigt. Dabei geht sie jedoch dem Angstdämon in die Falle, der weiß, dass ihre größte Angst der Verlust ihrer Schwestern sein könnte. Darum lockt der Dämon Prue in die Falle, wobei sie ihre größte Angst, das Ertrinken, erfahren soll, aber Prue sieht eine Erscheinung ihrer Mutter und stellt sich dem Dämon tapfer entgegen. Nachdem sie ihre Angst überwunden hat, ist es ein Leichtes, den Angstdämon aufzuhalten.

KOMMENTAR:

Wie schon bei „Wendigo" baut auch diese Episode auf einen A- und B-Plot auf. Wo Phoebe in „Wendigo" alleine einer Mutter und deren Tochter helfen konnte, erlebt Piper hier nichts mehr als ein kleines privates Dilemma, das nur auf Grund ihres unsinnigen Aberglaubens entstand.

Der Angstdämon selbst ist dabei nicht unbedingt besonders umwerfend. Erst wird er als relativ stark eingeführt, aber dann erlebt er doch schnell und einfach seine Niederlage. Etwas Wirkung büßt der Dämon sicherlich auch durch Billy Drago ein. Der Schauspieler ist zwar ansonsten in B-Stücken nicht unbedingt schlecht, aber hier flüchtet er sich zu sehr ins Chargieren. Man kann ihn in fast keiner Szene wirklich ernst nehmen. Am interessantesten an „Liebe ist die stärkste Macht" ist auf jeden Fall das bestimmende Thema der Liebe. Hier geht es darum, dass es Prue nicht über sich bringt, ihren Schwestern zu sagen, dass sie sie liebt. Der Grund hierfür ist sogar verständlich – es waren die letzten Worte, die Prue an ihre Mutter gerichtet hat, bevor diese starb –, aber Piper und Phoebe schmerzt dies natürlich trotzdem. Erst als sie erfahren, was es mit Prues Verweigerung auf sich hat, können sie damit leben,

Für Holly Marie Combs bietet sich bei „Wendigo" einmal die Gelegenheit, aus ihrer braven Rolle auszubrechen, denn mit fortschreitender Veränderung hin zur Kreatur wird Piper immer unberechenbarer und zorniger. Dadurch durfte sie ihre Schwestern einmal auf eine Art behandeln, wie es sonst nicht ihr Fall wäre.

Die Folge brilliert als Horrorstück, wobei es Regisseur Conway gelungen ist, die Episode auf eine Art zu inszenieren, die durchaus an einige Filme des Werwolfthemas erinnert. Besonders auffällig ist das bei der Darstellung von Agent Ashley Fallon – und ganz speziell in der Szene, in der sie als Wendigo entlarvt wird.

Jocelyn Seagrave liefert eine erstklassige Leistung ab und wirkt tatsächlich in jedem Moment wie ein unruhiges Tier, dem man auf den Fersen ist und das alles unternimmt, um sowohl seinen Trieben folgen als auch der Entdeckung entgehen zu können. Die gemeinsamen Szenen mit T.W. King sind dabei besonders stark gelungen.

Da ist es sogar zu begrüßen, dass sie so früh als der Wendigo entlarvt wurde. In der Regel warten Geschichten dieser Art eher bis zum Schluss, bevor sie dem Publikum die wahre Identität des Monsters verraten. Dass es auch andersherum bestens funktionieren kann, zeigt sich hier.

MUSIK:

„Down So Long" von Jewel (Album „Spirit")

BEWERTUNG:

aber nach ihrer Near-Death-Erfahrung, bei der sie auf ihre Mutter traf, hat Prue erkannt, dass sie diese Worte schon sehr viel länger an ihre Schwestern hätte richten sollen.

Billy Drago, im bürgerlichen Leben Billy Eugene Burrows, ist ein Star des B-Films, der pro Jahr in einer Vielzahl verschiedener, meist indiskutabler Filme mitspielt. Trotz einiger besserer Filme vor 1987 wurde er noch am ehesten als enigmatischer Killer Frank Nitti in Brian DePalmas exzellentem „Die Unbestechlichen" bekannt. Seitdem konnte man ihn in B-Ware wie „Delta Force 2", „Hero", „Martial Law 2", „Cyborg 2" oder „Sci-Fighter" sehen. Auch im Serienleben treibt er sein Unwesen. Neben einer wiederkehrenden Rolle in „Die Abenteuer von Brisco County Jr." sah man ihn als Gaststar u.a. in „Akte X" und „Walker, Texas Ranger". Als Angstdämon kehrt Billy Drago in der zweiten Season von „Charmed" zurück.

MUSIK:

„The Answer" von Brooke Ramel (Album „Tulips Bleed")
„Throw Me" von Chasing Furies (Album „With Abandon")
„No Mercy" von Khaleel (Album „People Watching")

BEWERTUNG:

14. NACHRICHT VON MAX (SECRETS AND GUYS)

REGIE: James A. Contner
DREHBUCH: Constance M. Burge, Sheryl J. Anderson
STORY: Brad Kern, Constance M. Burge
GASTSTARS: Robert Gossett (Gordon Franklin), Brad Tatum, Brian Krause (Leo Wyatt), David Netter (Max Franklin), Will Stewart, Richard Cody, Michael Bunin

„Sie sind bestimmt Pippi." – Harry, der Koch
„Piper!" – Piper

INHALT:

Der junge Max wird entführt. Er hat wie seine Mutter magische Fähigkeiten, die seine Entführer für Einbrüche benutzen wollen. Prue erhält über ein Witchboard die Nachricht, dass Max entführt wird, kann damit aber natürlich nicht viel anfangen. Darum sucht sie Andy auf, aber der Polizeicomputer gibt bei nur einem Vornamen nicht viel her.

Prue stellt weiterhin Nachforschungen an und erhält von Andy schließlich einen Tipp. Damit kann sie Max' Vater aufsuchen. Der hat Angst, etwas zu unternehmen, da er um seinen Sohn Angst hat. Wie sich herausstellt, hat Gordon Franklin erst kurz vor dem Tod seiner Frau erfahren, dass sie eine Hexe war und dem Sohn ihre Kräfte vererbte.

Währenddessen findet Phoebe heraus, dass Leo mehr als nur ein Handwerker ist. Obwohl sie das nie hätte enthüllen und er auch nicht hätte darüber reden dürfen, erklärt er ihr, dass er ein Wächter des Lichts ist. Als solcher gehört es zu seinen Aufgaben, über Hexen zu wachen. Da einem Wächter des Lichts keine Beziehung zu einer Hexe erlaubt ist, muss Leo mit Piper

Schluss machen, aber er findet weder den richtigen Moment, noch die richtigen Worte. Als er ihr schließlich erklärt, dass er gehen muss, ist Piper natürlich traurig, wobei Phoebe das Geheimnis um Leos wahre Identität für sich behält.

Inzwischen wurde Prue von den Entführern gefangen genommen. Mit ihr und Max wollen sie den großen Coup durchziehen, wobei sie sogar skrupellos den Vater von Max erschießen. Leo kommt jedoch noch rechtzeitig, um Gordon zu helfen, sodass sein Sohn nicht alleine groß werden muss.

KOMMENTAR:

Nachdem man schon erfahren hatte, dass Leo mehr als nur ein gewöhnlicher Handwerker ist, war man natürlich darauf gespannt, mit welcher Enthüllung die Autoren aufwarten würden. Dass er kein Warlock oder böser Hexer war, war eigentlich klar, da er den Halliwell-Schwestern schon geholfen hatte. Nun zeigt sich, dass er einer mysteriösen überirdischen Gruppe angehört, deren Ziel es ist, über gute Hexen zu wachen und ihnen in der Not beizustehen.

Die Wächter des Lichts sind ein interessantes Konzept, auch wenn man hier noch nicht allzu viel darüber erfährt. Alleine die Idee, dass Wächter des Lichts und Hexen keine mehr als nur freundschaftliche Beziehung zueinander pflegen dürfen, sorgt jedoch dafür, dass die beiden zu einem geradezu klassisch tragischen Paar werden. Liebende, die auf Grund der Umstände nicht zueinander finden können. Piper und Leo lieben einander, sollen aber kein Paar sein. Dies ist ein durchgängiges Thema der ersten Season, das immer wieder zur Sprache kommt und zu den ganz großen Stärken der serieneigenen Mythologie gehört.

Mit der Einführung der Wächter des Lichts schafft die Serie eine eigene, größere Mythologie wie sie auch Genre-Klassiker wie „Buffy" oder „Akte X" haben. Natürlich ist dieser Background noch nicht so gewaltig wie bei diesen beiden Serien, aber immerhin reicht er schon aus, um der inneren Geschlossenheit der Serie besonders zuträglich zu sein. Ein durchgehender roter Faden, wiederkehrende Elemente sind es schließlich, die jeder Serie zu einem besseren Gesamtbild verhelfen. Einzelabenteuer können eine schöne, spannende und lustige Angelegenheit sein, aber nur, wenn eine konsequente Charakterentwicklung oder ein wiederkehrendes Thema mit einem festen Stamm an semiregulären Charakteren genutzt werden, ist wirklich alles in Ordnung. Das Geheimnis ist die Mischung der verschiedenen Geschichtenformen – und dabei ist „Charmed" alles andere als schlecht.

MUSIK:

„Baby Got Going" von Liz Phair
(Album „White Chocolatespace")
„Shimmer" von PTF (Album „Them")
„Know You Better" von Reality Check
(Album „Reality Check")
„Day By Day" von DC Talk (Album „Jesus Freak")

BEWERTUNG:

15. WER HAT ANGST VORM SCHWARZEN MANN? (IS THERE A WOOGY IN THE HOUSE?)

REGIE: John T. Kretchmer
DREHBUCH: Chris Levinson, Zack Estrin
GASTSTARS: Shawn Christian (Josh), Nancy Moonves (Professor Beth Whittlesey), Richard McGonagle, Michael Mantell, Jennifer Rhodes (Penny „Grams" Halliwell), Cristine Rose (Claire Pryce), Tait Ruppert (Joe)

„Was haben Sie denn da Schönes?" – Claire
„Entenmedaillons. Ohne Medaillons." – Phoebe

INHALT:

Nach einem Erdbeben sieht sich ein Handwerker den Keller der Halliwells an. Eben jener Keller, in den sich Phoebe nicht wagt, weil sie als kleines Kind gesehen hat, wie ihre Großmutter dort gegen den Schwarzen Mann gekämpft hat, aber natürlich halten ihre Schwestern das nur für ein Märchen. Alles wird für ein abendliches Essen vorbereitet, zu dem Prues Chefin Claire sowie Professor Whittlesey und ihr Assistent Josh eingeladen sind, da sie sich für das alte Haus der Halliwells interessieren. Bevor es jedoch so weit kommt, muss Phoebe erfahren, dass sie immer Recht hatte. Aus einem Riss im Kellerboden ist der Schwarze Mann entwichen, der Phoebe nun in seinen Bann zieht.

Während des katastrophalen Abendessens wird Professor Whittlesey ebenfalls vom Schwarzen Mann in Bann gezogen, woraufhin sie am nächsten Tag ihren Assistenten attackiert. Noch in der Nacht nach dem Abendessen wirft Phoebe ihre Schwestern aus dem Haus. Das Haus, ein Nexus spiritueller Kräfte, ist nun im Besitz des Schwarzen Manns, weswegen Prue und Piper es nicht mehr betreten können. Sie finden aber schließlich einen Weg, wieder ins Haus zu gelangen, doch dort haben sie es nicht nur mit dem Schwarzen Mann, sondern auch mit Phoebe zu tun, die ihre Schwestern attackiert. Nunmehr im Haus gefangen, müssen Prue und Piper einen Weg finden, den Schwarzen Mann zu besiegen. Es gelingt den Schwestern schließlich, Phoebe aus dem Bann des Schwarzen Manns zu befreien. Gemeinsam, mit der Erinnerung an die Großmutter und deren Zauberspruch, kann der Schwarze Mann dorthin geschickt werden, woher er gekommen ist.

KOMMENTAR:

Ebenso wie „Wendigo" ist dies eine gelungene Horrorepisode, die sich tatsächlich dem diesem Genre verschrieben hat. Der Schwarze Mann als Bedrohung ist natürlich ein Archetyp des Horrors. Immerhin gibt es ihn – in abgewandelter Form – im ganzen Genre als mystische Gestalt oder als mordlüsternen Killer. Hier entspricht der Schwarze Mann einer nebulösen Masse, die aus dem Schatten (!) heraus agiert, andere in ihren Bann zieht und gemächlich die Fäden aus dem Hintergrund zieht. Der Originaltitel bezieht sich auf den Boogey Man, den amerikanischen Begriff für den Schwarzen Mann, und ist natürlich nichts anderes als eine Verballhornung, die zu Stande kam, weil Phoebe als kleines Mädchen das Wort nicht richtig aussprechen konnte. Im Deutschen wirkt der „Swabbel Mann" allerdings nicht gar so lustig, sondern eher peinlich. Ob ein Kind das wohl sagen würde? So wie „Wendigo" Holly Marie Combs die Gelegenheit zum Glänzen gab und ihr die Möglichkeit gewährte, einmal aus ihrer Rolle auszubrechen, ergeht es nun Alyssa Milano, deren Phoebe unter dem Bann des Schwarzen Mannes zu einem echten Vamp wird – einen Männer fressenden, gewaltbereiten, höchst lasziven Weibsbild, dessen bloße Erscheinung schon einschüchternd wirkt.

Von Penny Halliwell, der Großmutter der drei Schwestern, sieht man in dieser Episode noch nicht allzu viel, obwohl sie ziemlich starken Bezug auf die Vergangenheit nimmt. Erst zwei Folgen später, bei „Zurück in die Vergangenheit", bekommt die Darstellerin Jennifer Rhodes mehr zu tun.

Etwas undurchsichtig bei dieser Folge bleibt, warum der Schwarze Mann Besitz über andere Menschen genommen hat und diese wiederum ihre Mitmenschen angreifen lässt. Eine Erklärung bleibt die Episode schuldig. Während die Auswahl des ersten Opfers, des Handwerkers, noch ins Konzept passt, da er als Werkzeug gegen die verhassten Halliwells dient, erscheint das Ausrasten von Professor Whittlesey z. B. äußerst sinnlos. Das ist aber der einzige Makel der Episode, der jedoch – das muss auch gesagt werden – eine Topwertung verhindert.

MUSIK:

„Zavelow House" von Owsley (Album „Owsley")

BEWERTUNG:

16. MAN STIRBT NUR DREIMAL (WHICH PRUE IS IT, ANYWAY?)

REGIE: John Benring
DREHBUCH: Javier Grillo-Marxuach
GASTSTARS: Alex McArthur (Gabriel), Shannon Sturges (Helena Statler), Bernie Kopell, Cristine Rose (Claire Pryce), Mongo Brown-Lee (Luther Stubbs), Susan Chuang (Monique)

„Hallo? Wie wär's, wenn du da mal rauskommst. Es gibt auch noch andere Leute, die mal ins Bad wollen." – Phoebe
„Ist da vielleicht auch eine Prue drin?" – Piper
„Na was meinst du denn?" – Phoebe

INHALT:

Phoebe hat eine Vision: Sie sieht, wie Prue von dem Dämon Gabriel ermordet wird. Da Gabriel ein mächtiger Krieger ist, der dank seines Schwertes als unverwundbar gilt, haben die Schwestern Angst um Prue. Darum schlägt Phoebe einen Zauberspruch vor, der ihre Kräfte verstärkt. Das Ergebnis ist jedoch keine Verdreifachung von Prues Kräften, sondern schafft zwei Doubles von Prue. Bei drei Prues herrscht natürlich Chaos, da eine von ihnen getötet wird und Andy sie im Leichenschauhaus sieht. Als er später auf die quicklebendige Prue trifft, ist er vollkommen verwirrt.

Die Prues planen, wie man Gabriel besiegen könnte, wobei man sein Schwert von ihm entfernen muss, damit er verwundbar wird. Da Gabriel eine Schwester hat, scheint es ideal zu sein, wenn man diese als Faustpfand benutzt. Die echte Prue lässt sich überzeugen, dass der Plan nicht wirklich taugt,

aber ihr Double sieht darin eine Chance, dem Spuk ein Ende zu setzen und die Halliwell-Schwestern zu retten.

Als Gabriel keine andere Möglichkeit mehr sieht, tötet er seine eigene Schwester, um so weiterhin die Oberhand behalten zu können. Daraufhin ermordet er auch die zweite Prue. Derweil haben sich die Halliwell-Schwestern auf den Weg gemacht, dem Double zu helfen, aber als diese Möglichkeit nicht mehr besteht, kehren sie nach Hause zurück, wo sie von Gabriel angegriffen werden. Dabei wird Gabriel durch sein eigenes Schwert vernichtet. Vom erfolgreichen Ende abgesehen, ist Andy wieder einmal so schlau wie zu Beginn der Geschichte, hat nun jedoch eine Akte über Prue, die gewisse Anhaltspunkte enthalten könnte.

KOMMENTAR:

Der Titel erinnert an den James-Bond-Klassiker „Man lebt nur zweimal", wobei der deutsche Titel dieser Episode nicht ganz stimmig ist. Immerhin stirbt Prue in dieser Folge nicht dreimal, sondern „nur" zweimal. Bei der deutschen Titelschmiede muss man aber – wie so oft – Nachsicht walten lassen: Nur selten gibt es Episodenbezeichnungen, die dem Original angemessen sind!

Das ist hier aber eher nebensächlich, denn das Ergebnis ist eine der herrlichsten Episoden von „Charmed". Das Doppelgängerthema sieht auf den ersten Blick eher ausgelutscht aus, wird hier aber recht originell umgesetzt. Immerhin sind die

zwei neuen Prues nicht nur Doppelgänger, sondern unterscheiden sich in gewisser Weise von der echten Prue. In ihnen manifestieren sich nämlich Charakterzüge, die in der originalen Prue nicht dominant sind. So ist eine Prue ein heißer Feger, der den Freuden der Männerwelt nicht abgeneigt ist, während die dritte Prue ein überdrehtes, leicht naives Mädchen mit zu viel Spaß an der Arbeit ist. Dadurch ergeben sich für den Zuschauer interessante Einblicke in den Charakter von Prue Halliwell. Immerhin bekommt man – nimmt man alle drei Prues zusammen – einen einzigen, doch recht komplexen Charakter.

Bei drei Prues ist in „Man stirbt nur dreimal" natürlich Humor Trumpf. Seien es die Badeskapaden, bei denen alle Prues das warme Wasser verbrauchen, oder die demokratische Abstimmung, bei der drei Prues wie eine stimmen – wen wundert's –, zu Lachen gibt es hier trotz des Todes zweier Prues jede Menge.

Bis in die Nebenhandlung gut entwickelt, gefällt bei dieser Folge auch Andy, der endlich einmal eine aktivere Rolle einnimmt. Nachdem er sich schon so oft wundern durfte, in welchem Zusammenhang Prue mit all den merkwürdigen Ereignissen steht, und doch nie eine Antwort erhielt, kann er nun auf eine dicke Akte zurückgreifen, die ihm in fetten Lettern verheißt, was Sache ist: Hexerei. Nun muss er nur noch daran glauben ...

MUSIK:

„Teardrop" von Massive Attack (Album „Mazzaine")

BEWERTUNG:

17. ZURÜCK IN DIE VERGANGENHEIT (THAT 70'S EPISODE)

REGIE: Richard Compton
DREHBUCH: Sheryl J. Anderson
GASTSTARS: Finola Hughes (Patty Halliwell), Andrew Jackson (Nicholas), Jennifer Rhodes (Penny „Grams" Halliwell), Jake Sakson (Andy), Megan Corletto (Piper), Emmalee Thompson (Prue), Sally Ann Brooks, Rey Silva

„Das ist absurd. Wir werden verhaftet, weil wir uns selbst entführt haben." – Piper

INHALT:

Die Halliwell-Schwestern werden in ihrem eigenen Haus von dem Warlock Nicholas angegriffen. Er hat seit vielen Jahren darauf gewartet, dass sie endlich ihre Kräfte bekommen. Seit jenem verhängnisvollen Tag vor vielen Jahren, da er ihrer Mutter den Schwur abnahm, dass die Kräfte der Kinder dereinst an ihn gehen werden. Da die Schwestern nicht wissen, wie sie Nicholas bekämpfen sollen, vollführen sie einen Zauber, der sie in die Vergangenheit bringt.

Dort treffen sie auf ihre jüngeren Ichs – Prue und Piper, während ihre Mutter erst mit Phoebe schwanger ist –, die über

ihre Kräfte schon verfügen. Da es so manches Missverständnis gibt, glauben ihre Großmutter und Mutter, dass sie böse Hexen sind, aber nachdem sich alles aufgeklärt hat, zieht man am selben Strang.

Leider wurde der Pakt mit Nicholas bereits geschlossen. Beim Gespräch mit der Großmutter wird ihnen klar, warum sie sich nicht mehr daran erinnern, ihre Kräfte schon gehabt zu haben. Um die Kleinen vor Nicholas zu schützen, nimmt sie ihnen die Kräfte. Um Nicholas zu bekämpfen, brauchen sie den Ring, den sie aus seinem Hotelzimmer stehlen. Bevor sie jedoch abreisen, schreibt Phoebe eine Nachricht, die ihre Mutter vor jenem schicksalhaften Tag warnen soll, an dem sie stirbt. Da ihre Kraft nicht reicht, kehren sie in die Vergangenheit zurück. Erst mit Hilfe der kleinen Prue und Piper gelingt es. Wieder zurück in der Gegenwart glückt es, Nicholas zu vernichten. Die Botschaft, die Phoebe ihrer Mutter geschrieben hat, hat sie wieder mitgenommen.

KOMMENTAR:

Diese Episode – der Original-Titel ist so viel passender, wenngleich das deutsche Pendant mit seiner Referenz an „Quantum Leap – Zurück in die Vergangenheit" auch nicht von schlechten Eltern ist – ist ein Traum. Hier gibt es Humor der warmherzigen Sorte. Es macht schon Spaß, einen Blick auf das San Francisco der 70er Jahre gewährt zu bekommen, untermalt von der damaligen Musik. Inmitten dieses zeitlichen Lokalkolorits bewegen sich die drei Halliwell-Schwestern, wobei es ein bisschen schade ist, dass der „Kulturschock" zwischen 70er und ausgehenden 90er Jahren nicht wirklich behandelt wird. Hier hätten sich einige schwer unterhaltsame Szenen erstellen lassen, die den diesbezüglichen Klassikern – „Zurück in die Zukunft" und „Star Trek IV: Zurück in die Gegenwart" – in nichts hätten nachstehen müssen.

Sehr schön ist es, einmal die oft erwähnte Mutter und die Großmutter zu sehen. Die Interaktion zwischen den erwachsenen Schwestern und ihren unmittelbaren Verwandten ist fein anzusehen und erzeugt sogar ein bittersüßes Gefühl. Das gilt noch umso mehr, wenn man bedenkt, dass Phoebe sich an ihre Mutter praktisch gar nicht mehr erinnern kann und sie nach dem ersten Plan nicht einmal hätte treffen können. Am Ende ist das ganz anders. Die Schwestern konnten ein wenig Zeit mit Mutter und Großmutter verbringen, wobei Phoebe als

größtes Geschenk endlich ihre eigenen Erinnerungen an die Mutter erhält.

Auffällig ist wieder einmal, dass die übernatürliche Bedrohung – Nicholas – recht oberflächlich eingesetzt wird und hauptsächlich dazu konzipiert ist, die Handlung in Gang zu bringen. Mit am schönsten ist übrigens jene Szene, in der Phoebe die eigene Mutter warnen will, das dann aber doch nicht tun kann. Die Zeitlinie kann oder soll man eben nicht verändern.

MUSIK:

„Never Can Say Goodbye" von Gloria Gaynor
(Album „I will survive")
„Gypsys Tramps and Thieves" von Cher
(Album „If I Could Turn Back Time")
„Heatwave" von Martha Reeves (Album „Greatest Hits")
„S.O.S" von ABBA (Album „ABBA Gold")

BEWERTUNG:

18. WENN DAS BÖSE ERWACHT (WHEN BAD WARLOCKS GO GOOD)

REGIE: Kevin Inch
DREHBUCH: Edithe Swensen
GASTSTARS: Shawn Christian (Josh), Nick Kokotakis, David Kriegel, Frank Birney, Michael Weatherly (Brendan Rowe), Andrea E. Taylor, Stacie Chan, Dathan Hooper, Ann Vareze

„Pfarrer Austins Zustand ist kritisch. Sollte er sterben, dann ist das Mord. Wenn ich herausfinde, dass du was damit zu tun hast, werde ich diesmal nicht wegsehen, Prue." – Andy

INHALT:

Brendan Rowe bereitet sich für die Priesterweihe vor, wird aber von zwei Warlocks angegriffen. Prue kann ihm helfen, wobei er sieht, welche Kräfte sie hat. Als sie ihn später aufsucht und mit ihm redet, wird ihr klar, dass er ein durch und durch guter Kerl ist, auch wenn er ihr nicht erklärt, warum die zwei Warlocks hinter ihm her sind.

Später, als ein Pfarrer attackiert wird, sieht Prue Brendan als Warlock über ihm knien. Er erklärt, dass er kein richtiger Warlock sei. Sein Vater war ein Warlock, aber seine Mutter ein Mensch. Seine beiden Brüder wollen jedoch die Prophezeiung erfüllen, nach der die drei Rowe-Brüder vereint eine gewaltige Macht des Bösen in sich vereinen können. Da sich ihnen Brendan aber widersetzt, kann diese Macht nicht errungen werden. Darum versuchen die beiden, Brendan auf ihre Seite zu ziehen, wobei er beinahe eine Frau tötet, aber von Prue und ihren Schwestern gerade noch aufgehalten wird.

Andy sucht derweil fieberhaft nach dem Angreifer von Pfarrer Austin und trifft dabei auch auf die Halliwells, wobei er diesmal nicht gewillt ist, wieder zur Seite zu sehen, sollten sie etwas damit zu tun haben. Die Rowe-Brüder erwarten Brendan in ihren Reihen oder sind bereit ihn zu töten.

Als sich Brendan seinen Brüdern anschließt, verlangen diese die Opferung einer Hexe. Prue soll sein Opfer werden. Als Prue ihn findet und versucht, ihn wieder auf den rechten Weg zu geleiten, greift er sie an. Trotzdem versucht Prue, ihn vom Guten zu überzeugen, was auch gelingt. Kurz darauf lauern ihm seine Brüder auf und es kommt zum Kampf, wobei sich die Warlocks gegenseitig töten.

KOMMENTAR:

Faszinierend an „Wenn das Böse erwacht" ist der Spiegel, der den Halliwells, der Macht von Dreien, vorgehalten wird. Wo sie für das Gute einstehen und die Verkörperung einer humanistischen Lebensweise darstellen, sind die Rowe-Brüder, die ebenfalls eine Dreieinigkeit bilden wollen, das absolute Gegenteil. Sie wollen das Böse verbreiten, in Leid und Schmerz aufgehen und Macht an sich reißen, die jenseits aller Vorstellungskraft liegt, um so ihrer Bestimmung gerecht zu werden. Damit sieht man hier die zwei Seiten von ein und derselben Medaille. Kopf und Zahl, die über Gut und Böse bestimmen.

Die Idee, dass ein Warlock nicht automatisch schlecht sein muss, sondern auch das Potenzial in sich trägt, Gutes zu tun, ist interessant und innerhalb der Serie auch durchaus originell. Nachsehen muss man der Folge, dass sie sich bei der Charakterisierung von Brendan den einen oder anderen Lapsus erlaubt. Sein Umschwung vom Guten zum Bösen und wieder zurück läuft ein bisschen zu schnell ab, sodass man diesen Wechsel nicht ganz nachvollziehen kann.

Eher zu verstehen ist hier schon Andys Verhalten, der über den Angriff auf Pfarrer Austin, der ihm einst die Erstkommunion abnahm, derart erzürnt ist, dass er sogar Prue gegenüber eine Drohung fallen lässt. Am Ende entschuldigt er sich natürlich, wobei er nun nach Brendans Brüdern sucht, ihm aber mittlerweile schon klar ist, dass er diese – wie Prue ihm prophezeit – nicht mehr finden wird. Damit ergibt sich zwischen Prue und Andy ein gewisses basisches Verständnis darauf, dass sie beide für die gute Sache kämpfen, auch wenn der eine vor dem anderen Geheimnisse zu bewahren hat.

Shawn Christian aus „Wer hat Angst vorm Schwarzen Mann?" taucht hier erneut als Josh auf, wobei er mittlerweile ein Auge auf Piper geworfen hat. Die Beziehung, die beide pflegen, wird jedoch nur von kurzer Dauer sein.

MUSIK:

„A Charming Spell" von Splash Down (Album „Redshift")

BEWERTUNG:

19. BLIND (BLIND SIDED)

REGIE: Craig Zisk
DREHBUCH: Tony Blake, Paul Jackson
GASTSTARS: Shawn Christian (Josh), Scott Plank (Eric Lohman), Raphael Sbarge, Scott Terra (David), Matt George, Maureen Muldoon (Dee), Michael O'Connor (Jerry Cartwright), Dennis Keiffer, Lucy Rodriguez

„Eine Party in dem Dreck da unten?" – Josh über die Kanalisation

„Er hat eine Rohrreinigungsfirma. Das Ganze soll eine Art Werbegag sein, glaub ich." – Piper

INHALT:

Der kleine Junge David, der Sohn einer Freundin der Halliwells, wird von einem Grimlock, einem düsteren Dämon, entführt. Prue versucht, den Jungen zu retten, wobei sie ihre Kräfte einsetzt. Dabei wird sie von dem Reporter Eric Lohman beobachtet. Der will von ihr einen Exklusivbericht, aber da Prue natürlich nicht mitspielt, beginnt Lohman, ihr nachzustellen, um so Beweise für das, was er gesehen hat, zu sammeln.

Er spricht auch mit Andy, was diesen endgültig davon überzeugt, dass sein Verdacht Prue gegenüber richtig ist, aber natürlich ist die nicht bereit, ihm endlich die Wahrheit zu erklären. Derweil spricht Phoebe mit dem blinden Brant Miller, der vor 20 Jahren ebenfalls von den Grimlocks entführt wurde. Mit seiner Hilfe lässt sich herausfinden, wo die Grimlocks den Jungen gefangen halten. Da Lohman Prue auflauert, müssen Phoebe und Piper alleine aktiv werden, um David zu befreien. Andy spricht mit Brant und erfährt, wohin die Halliwells wollten. Darum bricht er ebenfalls in die Kanalisation auf. Als Piper verletzt wird, ruft Phoebe Prue um Hilfe. Da die keine andere Wahl mehr hat, nimmt sie Lohman mit. Im Kampf gegen die Grimlocks können die Halliwell-Schwestern David befreien. Ihr Problem mit Lohman löst sich auf, als dieser von einem Grimlock angegriffen und getötet wird. Andy erlebt ebenfalls eine Begegnung der unheimlichen Art, wird aber von Prue gerettet, woraufhin er endlich erkennt, wie es um die Wahrheit bestellt ist.

KOMMENTAR:

Die Idee, dass ein Reporter auf das Treiben der Hexen aufmerksam wird, ist natürlich nicht schlecht, gleichzeitig aber auch nicht neu. Solch lästige Vertreter der schreibenden Zunft traf man in den unterschiedlichsten phantastischen Programmen schon des öfteren.

Eric Lohman ist dabei ein besonders penetrantes Exemplar, da er sogar noch Zwischenfälle inszeniert, um die Halliwells dazu zu bringen, ihre Kräfte zu nutzen. Wenig überraschend ist am Ende, dass Lohman die Episode nicht überlebt. Angesichts der sensationsgierigen Art, derer er sich befleißigt, wäre es schließlich nicht glaubhaft gewesen, dass sein Interesse an den Kräften der Halliwells einfach schwindet oder er – um dem Guten zum Sieg zu verhelfen – Stillschweigen bewahrt. Darum bleibt sein Tod unausweichlich, wobei dieses Ende aber auch etwas zu einfach gestrickt ist. Interessanter wäre es gewesen, ihn in irgendeine Art von Interessenskonflikt zu verstricken, woraufhin er selbst die schwere Wahl hätte treffen müssen, wie er nun weiter vorgeht.

Die Grimlocks erinnern an ein paar der übelsten Schurken aus „Buffy – Im Bann der Dämonen", wobei die Kindesentführer, die ihre Opfer blenden, auf der Ekelskala sicherlich ganz weit oben liegen. Selbst Buffy musste nicht gegen allzu viele solcher Monster kämpfen.

Endlich erfährt auch Andy, was bei Prue und ihren Schwestern wirklich Sache ist. Ohnehin hat es sich fast schon zu lange hingezogen, dass Andy nur im Dunkeln tappte und allenfalls Mutmaßungen anstellen konnte, aber niemals auch nur den geringsten Beweis hierfür erhalten hat. Das große klärende Gespräch am Ende zwischen Prue und Andy vermisst man noch, aber natürlich wird man kurz vor dem Ende der ersten Staffel auch damit noch entschädigt.

„Blind" ist eine angenehme, spannende Episode mit einigen sehr guten Nebencharakteren – auch bestens dargestellt –, die zwar nicht das Zeug zum Miniklassiker hat, aber dennoch zu unterhalten weiß – und manchmal reicht das ja schon völlig aus.

MUSIK:

„Hermes Bird" von Remmie Zero
(Album „Villa Elaine")

BEWERTUNG:

20. EIN GEIST, ZWEI SCHWESTERN (THE POWER OF TWO)

REGIE: Elodie Keene
DREHBUCH: Brad Kern
GASTSTARS: Brenda Bakke, Carlos Gomez (Inspektor Rodriguez), Jeff Kober (Jackson Ward), Sean Hennigan, Christine Rose (Claire Pryce), Susan Chuang (Monique), Don Brunner (Inspektor Anderson), Lesley Woods (Iris Beiderman), Jack Donner (Richter Renault), Michele Harrell (Inspektor Blakely), Gregg Monk, Jim Hanna, Victoria Fang (Marianne), Yuji Hasegawa (Mr. Yakihama)

„Was macht ihr, wenn neue Dämonen auftauchen, während ich weg bin?" – Piper
„Dann ersetzt die Macht von Zweien jetzt einfach die von Dreien." – Phoebe

INHALT:

Piper verreist für kurze Zeit und lässt Prue und Phoebe allein zurück. Dabei macht sie sich Sorgen, dass die beiden wieder zum Streiten kommen könnten. Und tatsächlich hat sie Recht, denn Phoebe hat kein besonderes Interesse daran, die häuslichen Erledigungen zu machen. Stattdessen besucht sie Alcatraz und erlebt dort mit, wie der Geist des toten Mörders Jackson Ward von der Gefängnisinsel entkommt.

Andy hat mittlerweile bei seinem Dezernat einen schlechten Ruf, da er sich auf die übernatürlichen Fälle konzentriert. Nun, da er es mit einem toten Mörder zu tun hat, sucht er Prue auf, da er auf deren Hilfe hofft. Dabei kommt es zum Streit, als er erfährt, dass Prue ihm im Rahmen eines Wahrheitszaubers bereits einmal gesagt hat, dass sie eine Hexe ist und auf Grund seiner Reaktion die Beziehung beendete.

Während Prue und Phoebe daran arbeiten, wie man Jackson Ward bekämpfen und vernichten kann, hat Andy ganz andere Probleme. Zwei Inspektoren der Internal Affairs sind hinter ihm her und stellen unangenehme Fragen. Um einen Geist auf der Astralebene zu besiegen, muss man selbst zum Geist werden. Darum trinkt Prue ein Gebräu, das sie tötet, woraufhin sie den Geist verbannt und von Andy wiederbelebt wird. Andy und Prue sprechen sich aus, wobei offenbar ist, dass Andy sich nichts mehr als ein normales Leben wünscht.

KOMMENTAR:

Was lange in der Schwebe stand, wird nun endlich angesprochen: die Beziehung zwischen Prue und Andy. Auch wenn Andy akzeptiert, dass Prue diese Kräfte hat, so ist er sich nun doch im Klaren, dass er mit ihnen nicht leben kann. Er will später ein normales und langweiliges Leben, keine Dämonen. Damit kommt es endlich zu der Aussprache, die man seit so langer Zeit erwartet hat.

Brad Kern baute in sein Drehbuch übrigens einen Witz auf „Buffy", die andere Erfolgsserie des WB Networks, ein. Als Prue und Phoebe das Grab von Jackson Ward aufsuchen, erschauern sie. Im Witz meint Prue, dass hier wohl Vampire herumschleichen, was Phoebe zu der Bemerkung veranlasst, dass Buffy nie da ist, wenn man sie mal braucht. Ein ganz großer Wunsch der Fans wäre es sicherlich, einmal ein echtes Crossover zwischen der Vampirjägerin und den Hexen zu sehen. Das würde nicht nur sehr viel Spaß machen, sondern könnte sogar zu einer herausragenden Episode werden. Leider bestehen in dieser Richtung aber nicht die geringsten Pläne.

Brenda Bakke ist das Horrorgenre nicht unbekannt. Die am 15. Mai 1963 in Klamath Falls, Oregon, zur Welt gekommene Bakke hatte eine Hauptrolle in der exzellenten, aber leider kurzlebigen Serie „American Gothic". Zu ihren besten Werken gehören u.a. der „Geschichten aus der Gruft"-Film „Ritter der Dämonen", das Steven-Seagal-Vehikel „Alarmstufe Rot 2", „Hot Shots 2" und „L.A. Confidential".

Fans von phantastischen Serien ist Jeff Kober kein Unbekannter. Er wirkte in Folgen von „Akte X", „Seven Days", „Buffy", „Earth 2", „Poltergeist" und „Pretender" mit. Eine feste Rolle hatte er in der nicht sehr erfolgreichen Vampirserie „Der Clan der Vampire". Meistens wird Kober für die Schurken eingesetzt. Ein Schicksal, das ihn auch in Filmen wie „Pentagramm" oder „Alien Nation – Spacecop L.A. 1991" getroffen hat. In dem

schrillen Film „Tank Girl" durfte er jedoch auch mal einen Känguru-Helden spielen.

MUSIK:

„Stolen Car" von Beth Orton (Album „Central Reservations")

BEWERTUNG

21. WÄCHTER DER DUNKELHEIT (LOVE HURTS)

REGIE: James Whitmore
DREHBUCH: Chris Levinson, Zack Estrin, Javier Grillo-Marxuach
GASTSTARS: Brian Krause (Leo Wyatt), Michael Trucco (Alec), Carlos Gomez (Inspektor Rodriguez), Lisa Robin Kelly (Daisy), Don Brunner (Inspektor Anderson), Tom Yi

„Was ihr tut, war der Grund, warum ich Polizist geworden bin."
– Andy zu Prue

INHALT:

Leo versucht, Daisy vor Alec, einem Wächter der Dunkelheit, zu schützen. Er macht sie für Alec unsichtbar, wird dann jedoch von einem Pfeil aus der Armbrust des Wächters der Dunkelheit verletzt. Er schleppt sich mit letzter Kraft zu den Halliwells, wo nun auch Prue und Piper erfahren, dass er mehr als nur ein Mensch ist. Während Piper alles versucht, ihm zu helfen und sogar einen Kräftetausch eingeht, von dem auch ihre Schwestern betroffen sind, suchen Prue und Phoebe nach Daisy.

Mit Hilfe von Andy finden sie sie auch und können sie vor Alec retten, woraufhin sie nach Hause zurückkehren. Derweil wird Andy abermals von den Internal-Affairs-Inspektoren vernommen, weswegen er den Dienst quittiert, um nicht gezwungen zu sein, über Prue Informationen ausplaudern zu müssen.

Piper gelingt es schließlich, Leo zu retten, obwohl er sogar schon gestorben war. Von Leo erfahren sie, dass die Macht von Dreien den Wächter der Dunkelheit besiegen kann. In dem Moment gelingt es Alec, Daisy zu entführen. Als er sie später töten will, kommen die Halliwell-Schwestern gerade noch rechtzeitig, um sie zu retten, woraufhin Alec vernichtet wird.

Leo erklärt Piper, dass er ein Sterblicher werden und dadurch mit ihr zusammen sein könnte. Da Piper jedoch versteht, dass Leo damit etwas Wichtiges aufgeben würde, verlangt sie dies nicht von ihm. Leo bricht wieder auf. Am Ende zeigt sich, dass Inspektor Rodriguez von den Internal Affairs kein Mensch, sondern ein Dämon ist, der seinen eigenen Partner tötet.

KOMMENTAR:

Am Ende der ersten Season werden noch einmal die Schwergeschütze aufgefahren. Mit der Rückkehr von Leo erfährt man auch mehr über die Wächter des Lichts. Leo war einst ein normaler Mensch, der als Sanitäter – er wollte Leben retten, nicht nehmen – in den Zweiten Weltkrieg zog und nach seinem

scheinbaren Tod von Wächtern des Lichts umringt wurde, die ihm anboten, einer von ihnen zu werden. Seitdem hilft er Menschen und Hexen und war stets froh, das Richtige getan zu haben.

Damit zeigt sich, dass die Wächter des Lichts nicht einfach ätherische Wesen sind, sondern einst Menschen waren. Daisy, die Leo hier zu schützen versucht, ist wiederum eine Anwärterin, die dereinst zu einer Wächterin des Lichts werden könnte. Da es Licht ohne Dunkelheit und Gut ohne Böse nicht geben kann, gibt es auch ein Gegengewicht zu den Wächtern des Lichts: die Wächter der Dunkelheit.

Über diese Vertreter des Bösen erfährt man nichts weiter, aber durch die neuen Informationen, die allgemein zu Licht und Dunkelheit gegeben werden, wird die serieneigene Mythologie bereichert, wobei man davon ausgehen kann, dass sie auch künftig noch bei „Charmed" sehr wichtig werden wird.

Dass Rodriguez ein Dämon ist, kommt überraschend, leider aber auch ein bisschen klischeehaft. Praktisch alle Antagonisten, mit denen es die Schwestern oder Andy bisher zu tun bekamen, waren somit Wesen aus dem Reich der Dunkelheit. Da wäre es doch mal erfrischend gewesen, einen Menschen zu sehen, der ihnen Probleme bereitet hätte. Immerhin führt dieser Handlungsstrang aber auch dazu, dass Andy seinen Job an den Nagel hängt, womit diese Folge – in ihrer Gesamtheit gesehen – schon auf das Finale der ersten Season hin arbeitet.

Carlos Gomez war in den letzten Jahren in erfolgreichen Filmen wie „Verhandlungssache", „Der Staatsfeind Nr. 1" oder „Replacement Killers" zu sehen. Bei der Erfolgsserie „E.R." spielte er witzigerweise ebenfalls eine wiederkehrende Rolle als Raoul Rodriguez. Ob der Internal-Affairs-Cop zuvor eine andere Karriere hatte?

MUSIK:

„Human" von The Pretenders (Album „Villa De Amor")
„Human On The Inside" von Nine Inch Nails

BEWERTUNG:

22. IMMER WIEDER MITTWOCH (DEJA VU ALL OVER AGAIN)

REGIE: Les Sheldon
DREHBUCH: Brad Kern, Constance M. Burge
GASTSTARS: Carlos Gomez (Inspektor Rodriguez), Wendy Benson (Joanne Hertz), David Carradine (Tempus), Nancy O'Dell

„Ich liebe dich, Andy." – Prue
„Ich liebe dich auch." – Andy

INHALT:

Phoebe hat eine Vision, nach der Andy im Haus der Halliwells sterben wird. Der hat derweil seine eigenen Probleme, da Rodriguez mit ihm sprechen will und Andeutungen macht, dass er mit Prue Halliwell reden muss, da es um Dämonen geht. Tatsächlich hat Rodriguez aber den Plan, die Hexen zu ver-

nichten. Sein Auftrag besteht darin, sie zu töten, da sie im vergangenen Jahr viel zu viele Dämonen aus dem Verkehr gezogen haben. Unterstützung erhält er dabei von Tempus, einem Meister der Zeit.

Prue spricht mit Andy und bittet ihn darum, sich hier herauszuhalten, da er sonst den Tod finden könnte. Wenig später taucht Rodriguez bei den Schwestern auf und tötet Phoebe, woraufhin er selbst stirbt. Tempus dreht die Zeit zurück und der Tag beginnt von neuem. Alles läuft gleich ab, nur Phoebe hat ein perfektes Gefühl von Déjà-vu. An diesem Abend sterben Piper und Phoebe, aber nach Rodriguez' Tod beginnt der Tag von neuem. Beim dritten Anlauf stirbt Andy, woraufhin die Schwestern Rodriguez gefangen nehmen. Noch während Prue bewusstlos ist, hat sie einen Traum, in dem Andy ihr erklärt, dass sie Tempus aufhalten müssen, egal, was mit ihm passiert. Mit einem Zauberspruch wird die Zeitschleife aufgehoben, Tempus vertrieben und Rodriguez vernichtet. Andy bleibt jedoch tot.

KOMMENTAR:

„Und täglich grüßt das Murmeltier" hieß eine der erfolgreichsten und originellsten Komödien der 90er Jahre. Seitdem gehört die Geschichte einer Zeitschleife zu Genre-Konventionen, die bei fast jeder Serie vorkommen und zumeist für herausragende Episoden sorgen. Jüngste Beispiele finden sich in „Akte X" und „Seven Days". Auch Filme haben dem Murmeltier Referenz erwiesen (oder es plagiiert), wobei Jack Sholders „12:01" wohl der bekannteste, aber natürlich nicht der beste ist (da ist „Retroactive" schon besser geeignet).

Der Spaß bei solchen Geschichten ergibt sich, da man dieselbe Handlung in leichter Variation wieder und wieder sehen kann. Fernsehserien sind den Filmen dabei leider in der Beziehung hinterher, dass sie ihre Geschichte innerhalb von 45 Minuten an Stelle von zwei Stunden erzählen müssen. Trotzdem gelingt es „Immer wieder Mittwoch" die Spannung zu halten und für beste Unterhaltung zu sorgen.

Interessant ist dabei auch Rodriguez, der zunehmend irrational handelt, wobei die Idee, dass er als eine Art Vollstrecker auftritt, der die Hexen vernichten soll, weil sie viele Verbündete

des Bösen bekämpft und besiegt haben, auch Potenzial für weitere Geschichten bietet.

Wahrlich überraschend kommt der Tod von Andy. Normalerweise gelingt es den Halliwell-Schwestern, unangenehme Visionen zu bereinigen und für ein gutes Ende zu sorgen, aber diesmal versagen sie. Der Tod von Andy gibt dem Season-Finale eine tragische Note, die noch durch jene Traumsequenz, in der Andy von Prue Abschied nimmt, verstärkt wird. Gerade in einem Augenblick, da es interessanter denn je wurde, mit zu verfolgen, wie die Freundschaft der beiden neue Wege geht, ist das Verscheiden von Andy auch für die Fans ein kleiner Schicksalsschlag. Wie bei den Serienklassikern „Akte X" und „Buffy" zeigt sich nun auch hier, dass in der Welt von „Charmed" nicht automatisch jeder der Guten vor dem größten Opfer gefeit ist. Das mag tragisch sein, verleiht der Serie an sich aber eine zusätzliche Qualität.

Der am 8. Dezember 1936 in Hollywood geborene David Carradine wurde als Kwai Chang Caine in der legendären Serie „Kung Fu" bekannt. Als Meister des Kung Fu erreichte er eine weltweite Fangemeinde, sodass Jahrzehnte später sogar eine Neuauflage der Serie mit ihm in der Hauptrolle produziert wurde. Der Sohn des Altstars John Carradine wirkte in seiner langjährigen Karriere in einer Vielzahl von guten und schlechten Filmen mit. Neben vielen mitunter interessanten B-Filmen wie „Children of the Night", „Futurezone" oder „McQuade – Der Wolf" war er auch in erstklassigen Filmen wie „The Long Riders" zu sehen. Eine seiner eindringlichsten Rollen absolvierte er in den beiden ersten Miniserien von „Fackeln im Sturm".

MUSIK:

„Animal Instinct" von The Cranberries
(Album „Bury The Hatchet")
„Better Days" von Citizen King (Album „Mobile Estates")
„Calling All Angels" von Jane Siberry
(Album „When I was A Boy")

BEWERTUNG:

Charmed
Die 2. Staffel

Ab 9. September 2000, immer Samstags um 17:00 Uhr auf Pro 7

EPISODENFÜHRER

23. ABRAXAS (WITCH TRIAL)

REGIE: Craig Zisk
DREHBUCH: Brad Kern
GASTSTARS: Jennifer Rhodes (Penny Halliwell), Greg Cromer (Rob), Janet Wood (Mrs. Milton), Rich Cramer (Nicholas), Jesse Goins (Doctor), Walter Phelan (Abraxas)

„We're screwed." („Wir sind verratzt.") – Phoebe
„And we're out of wine." („Und wir haben keinen Wein mehr.") – Piper

INHALT:

Ein neuer Lebensabschnitt beginnt für die Halliwell-Schwestern. Insbesondere Prue hat an Andys Tod zu knabbern. Um

den Schmerz zu verdrängen, stürzt sie sich wie eine Wilde auf ihre Arbeit. Piper beschließt derweil, einen Nachtclub aufzumachen. Phoebe, die noch immer keine feste Anstellung hat, stöbert in den Familienhinterlassenschaften herum. Das Buch der Schatten wird gerade dann gestohlen, als den Mädels klar wird, dass ihr einjähriges Hexenjubiläum auf den „Equinox", einen für Hexen besonders wichtigen Tag, fällt. Mit Hilfe des Geistes ihrer Großmutter finden die Schwestern heraus, dass der Dämon Abraxas hinter dem Unheil steckt. Wenn er das Buch der Schatten bis zum Sonnenaufgang rückwärts liest, werden sie ihre Kräfte verlieren und all ihre Zaubersprüche sind aufgehoben. Prue glaubt überraschenderweise, das könnte eine vielleicht gar nicht so schlechte Idee sein, da sie sich und ihre Kräfte für den Tod von Andy verantwortlich macht. Zu allem Überfluss müssen sich die Schwestern mit ein paar früheren Feinden herumschlagen, die Abraxas überweise wiederbelebt hat. Nur gemeinsam können die Halliwell-Schwestern das Unheil abwenden. Nach gewonnener Schlacht wird ihnen klar, wie sehr es ihnen gefällt, Gutes zu tun, und wie sehr sie dabei auf ihr einzigartiges Teamwork angewiesen sind. Zwar wird Piper das Darlehen für den Nachtclub verwehrt, doch Phoebe und Prue „zaubern" einen Scheck über die notwendigen 60.000 Dollar herbei, sodass die Schwestern nunmehr bald stolze Nachtclub-Besitzerinnen sein werden.

KOMMENTAR:

Mit Beginn der zweiten Staffel gibt es wie nicht anders zu erwarten gleich einen ganzen Haufen an Neuerungen. Zunächst einmal fällt da der geänderte, aber noch wie vor außergewöhnlich gelungene Vorspann auf, in dem neben den Zu – und Abgängen der Besetzungsliste Szenen aus bisherigen Folgen eingebaut sind, die die Kräfte der jeweiligen Schwestern gelungen veranschaulichen. Schon hier wird klar, dass Prue nunmehr nicht mehr bloß mit den Augen blinzelt, was doch etwas lasch wirkte, sondern etwas effektlastiger und cooler mit den Armen winkt, um ihre Magie wirken zu lassen. Geblieben sind leider die gewöhnungsbedürftigen Monster-Masken, die nicht mit denen aus vergleichbaren Genre-Serien wie „Buffy" mithalten können. Hier spart Aaron Spelling an der falschen Stelle. Auch die Tricktechnik-Abteilung hat sich nicht sonderlich viel einfallen lassen: Als der Dämon Abraxas auftaucht, um das Buch der Schatten zu bekommen, sieht der entstehende Dimensionswirbel reichlich billig aus. Dieses offensichtliche Manko ist erstaunlich, aber auch nachvollziehbar: Da „Charmed" nicht an das klassische Genre-Publikum gerichtet ist, muss dessen hohe Erwartungshaltung in Sachen Tricktechnik nicht befriedigt werden. Bei „Charmed" zählen Emotionen und inszenatorische Sensibilität, keine Effekte-Parade. Allerdings könnte auch das Make-up des Dämons Abraxas locker von der nächsten Kirmes stammen, was es etwas schwer macht, sich vor dem gruseligen Gesellen zu fürchten, geschweige denn, ihn als Bösewicht wirklich ernst zu nehmen. In emotionaler Hinsicht überzeugt „Abraxas" wie gewohnt: Shannen Doherty, die zu Beginn der zweiten Staffel auch hinter den Kulissen eindeutig das Zepter bei der Serie übernommen hatte, besticht vor der Kamera durch präzises Spiel. Prues Verlustschmerz ist spürbar und geht zu Herzen. Um so ironischer mag es dabei erscheinen, dass T.W. Kings Ausscheiden zu einem nicht eben ge-

ringen Anteil auf Dohertys Einfluss beruhte. Die Chemie zwischen den Akteuren war offenkundig nicht die beste. Schade, denn King passte optisch und qualitativ prima in das Ensemble. Leider konnte der Darsteller nach seinem Ausscheiden nicht wirklich wieder Fuß fassen, was man ihm aber wünscht. Auch Holly Marie Combs und Alyssa Milano bewegen sich traumwandlerisch sicher in ihren Rollen. Bemerkenswert ist Alyssa Milanos grandiose Sonnenbräune, die in Amerika prompt für Aufmerksamkeit sorgte. Des Rätsels Auflösung: Die schöne Schauspielerin hatte sich schlichtweg einen längeren Urlaub in der Sonne gegönnt. So bescheiden können manche Wahrheiten sein. Der neue Serien-Schönling Greg Vaughn, alias Nachbar Dan Gordon, ist gewiss sympathisch, bekommt aber nur wenig wirklich beeindruckende Szenen. Es wird abzuwarten bleiben, ob er sich in die Herzen der Zuschauer(innen) wird spielen können. Die entsprechende Optik bringt er auf jeden Fall mit.

MUSIK:

„Electric Honey" von Luscious Jackson (Album „Ladyfingers")

BEWERTUNG:

24. HEXENJAGD (MORALITY BITES)

REGIE: John Behring
DREHBUCH: Chris Levinson, Zack Estrin
GASTSTARS: Brian Krause (Leo Wyatt), Pat Skipper (Nathaniel Pratt), Clara Thomas (Melinda), Lisa Connaughton (Anne), Jennifer Hale, Sibila Vargas (Sierra Stone), Dan Horton (Cal Greene)

„Ich hab meine Zukunft gesehen. Ich bin hingerichtet worden. Auf dem Scheiterhaufen." – Phoebe

INHALT:

Phoebe hat eine Vision, in der sie sieht, wie sie in der Zukunft auf dem Scheiterhaufen verbrannt wird, wobei Prue und Piper nur untätig zusehen. Wenig später finden die Schwestern im Buch der Schatten einen Zauberspruch, der sie in die Zukunft bringen kann. Sie entscheiden sich, eine Reise in die Zukunft zu unternehmen, um herauszufinden, warum Phoebe verbrannt

werden soll. Man hofft, so einen Weg zu finden, dieses Ereignis zu verhindern.

Mit Hilfe eines Zauberspruchs geraten sie in die Zukunft, wobei sie feststellen müssen, dass sie in die Körper ihrer älteren Ichs gelangt sind. Piper hat mittlerweile eine Tochter und lebt in Scheidung von Leo, während Prue die Besitzerin von Buckland und unglaublich erfolgreich ist. Phoebe dagegen findet sich in einer Zelle wieder.

Wie sich herausstellt, hat sie mit Hilfe ihrer Hexenkräfte, die in der Zukunft unglaublich stark geworden sind, einen Mann getötet, der einen ihr lieben Menschen ermordete und ungeschoren davonkam. Nathaniel Pratt, ein hoffnungsvoller Senator, nutzt die Gelegenheit, um eine Hexenjagd zu starten. Hexen, so heißt es, sind nun der Staatsfeind Nr. 1.

Für Prue und Piper wird es jedoch eng, denn sie sind am Tag der Hinrichtung von Phoebe in der Zukunft erschienen. Damit müssen sie sich sputen, um ihre Schwester noch vor dem Scheiterhaufen zu retten. Als sie sie befreien wollen, erkennt Phoebe, dass sie für ihre Tat, einen Mord, büßen muss. Darum nimmt sie die Strafe auf sich und verbrennt, während ihre Schwestern zusehen. Daraufhin geht es zurück in die Gegenwart, wo sie von Leo erfahren, dass die Mächte des Lichts dies alles arrangiert haben, um den drei Hexen eine Lektion zu erteilen, die sie dringend nötig hatten.

KOMMENTAR:

„Hexenjagd" ist eine ergreifende Episode, die sich überaus beeindruckend gestaltet. Eine Reise in die Zukunft ist sogar noch interessanter als eine in die Vergangenheit, die die Halliwell-Schwestern im ersten Jahr in „Zurück in die Vergangenheit" hinter sich brachten. Nun kann man sehen, was aus den drei Schwestern wurde, wobei besonders Piper von Interesse ist. Man sieht hier, dass sie zusammen mit Leo ein glückliches Leben aufbauen konnte, auch wenn sie sich später trennten. Sehr schön ist diese Entwicklung aber, weil sie in der gegenwärtigen Handlung widergespiegelt wird und natürlich ein Thema ist, das in der Serie immer wieder angeschnitten wird. Immerhin sind Piper und Leo tatsächlich so etwas wie ein Traumpaar, was umso mehr gilt, da sie eine Art „Romeo und Julia"-Beziehung führen, was daran liegt, dass eine Hexe und ein Wächter des Lichts eigentlich nicht füreinander bestimmt sind.

Auch der Blick auf Prue und Phoebe ist mehr als aufregend. Während Prue ein kalter Erfolgsmensch wurde, der kein Privatleben mehr hat, ist Phoebe zur Mörderin geworden. Damit hat sie eine Grenze überschritten, von der ihr jüngeres Ich glaubt, sie niemals übertreten zu können. Dass Menschen jedoch zu extremen Maßnahmen getrieben werden können, zeigt sich an Phoebe am besten. Am Ende jedoch lässt sie sich hinrichten, um der Gerechtigkeit Genüge zu tun.

Faszinierend ist übrigens die Auflösung, die zeigt, dass die Schwestern diese Prüfung nur durchstehen mussten, weil sie begannen, langsam und ohne es eigentlich zu merken, die eherne Regel, ihre Kräfte nur uneigennützig einzusetzen, zu brechen.

Ein schreckliches Bild stellt eine USA zu Zeiten der Hexenverfolgung dar. Dabei werden Erinnerungen an die Kommunistenhatz eines Amerika unter Senator McCarthy ebenso geweckt wie an die Hexenjagden des Mittelalters durch die Heilige Inquisition. Das, zusammen mit der Darstellung des Oberhexenjägers Pratt, zeigt bestens, wie grausam die Krone der Schöpfung eigentlich sein kann. Von einer Zivilisation, wie man sie sich wohl im Idealfall vorstellt, ist diese Welt weit entfernt, denn hier lassen sich die Menschen von Vorurteilen und Angst leiten. Egal, wie sehr sich der Mensch auch weiterentwickelt, seine übelsten Eigenschaften wird er niemals ablegen können...

MUSIK:
„Nasty Little Thoughts" von Stroke 9 (Album „Tail of the Sun")

BEWERTUNG:

25. VOLL IM BILD (THE PAINTED WORLD)

REGIE: Kevin Inch
DREHBUCH: Constance M. Burge
GASTSTARS: Greg Vaughn (Dan), Karis Bryant (Jenny), Damian Perkins (Joe), Paul Kersey (Malcolm), Holly Fields (Jane), Cindy Lu (Empfangsdame), Anthony Deane (Bewerber 1), Rebecca Jackson (Bewerber 2), Tate Taylor (Bewerber 3)

„Yeah, you don't have to say it. How could I be so irresponsible? How can I be so stupid." („Ja, du musst es nicht sagen. Wie kann ich nur so unverantwortlich sein? Wie kann ich nur so dumm sein?") – Phoebe
„Irresponsible, yes. Stupid, no way! Where is that coming from?" („Unverantwortlich, ja. Dumm, nein. Wo kommt das jetzt wieder her?") – Prue

INHALT:
Eine gewisse Jane übergibt Prue ein Gemälde, das so schnell wie möglich versteigert werden soll. Piper bittet Dan, der ihr auf den ersten Blick gar nicht mal so schlecht gefällt, ihr bei der Vorbereitung ihres Clubs behilflich zu sein. Erste romantische Tendenzen treten zutage. Was Leo wohl dazu sagen wird? Bei der genaueren Untersuchung macht Prue eine seltsame Entdeckung: Für Sekunden taucht in dem Bild ein Mann auf, der

das Wort „Hilfe" an ein Fenster schreibt. Prue glaubt, ihre Aufgabe soll es sein, diesem Unschuldigen zu helfen. Wenig später werden auch Phoebe und ihre Schwester Piper durch einen Zauberspruch in die Welt des Gemäldes hineingezogen. Unterdessen versucht Phoebe ihre Hexenkräfte zu steigern, um die anderen Bewerber um den Job, Prues Auto zu reparieren, auszustechen. Als sie endlich dahinterkommt, was mit ihren Schwestern geschehen ist, setzt sie alles auf eine Karte, um den beiden zu helfen – und entdeckt, dass sowohl Jane als auch der Mann im Gemälde Dämonen sind. Der Dämon befindet sich seit 70 Jahren in dem Gemälde und will wieder hinaus in die wirkliche Welt. Dabei ist ihm egal, welche Mittel er einsetzen muss, um sein Ziel zu erreichen. Es gelingt ihm auch tatsächlich, in die wahre Welt zu entkommen. Er will Phoebes Kraft der Vorsehung auf seine Freundin übertragen und schafft es, die junge Frau in das Gemälde zu befördern, doch den Schwestern gelingt es in letzter Sekunde, das per Zauberspruch noch abzuwenden. Wie versprochen kaufen Prue und Piper Phoebe ein neues Paar Schuhe (ihre alten waren in der Gemäldewelt kaputtgegangen) und ein passendes Portemonnaie.

KOMMENTAR:
Schon kurz nach Beginn der neuen Staffel gibt es hier ein kleines Highlight zu feiern: Die spannende Geschichte wird von gelungenen Effekten und witzigen Regie-Einfällen unterstützt. Die Idee, das Böse in einem augenscheinlich so harmlosen Objekt wie einem Bild lauern zu lassen, ist heimtückisch und herrlich subtil. Die Ausstattung der Gemäldewelt ist hübsch gelungen, was der Serie erneut eine nette Optik beschert. Klar, die Schwestern stellen sich schon etwas unbeholfen mit dem Portal ins Bilderreich an, und auch der Bösewicht legt augenscheinlich keinen gesteigerten Wert auf einen gut (oder müsste man „böse" sagen?) durchdachten Plan. Wie schon so oft, und wie auch schon zu oft bei „Charmed", erliegen sämtliche Figuren somit dem klassischen Hollywood-„Idiotenfaktor", der das vollkommen hirnlose Verhalten von Filmfiguren bezeichnet, das allein dem Zwecke dient, die Handlung um Spannung zu bereichern. Interessant ist wieder einmal das Outfit der drei attraktiven Hauptdarstellerinnen. Sorgte zu Anfang der Staffel noch Alyssa Milanos Sonnenbräune für Furore, so überrascht diesmal Holly Marie Combs mit einer schicken neuen Frisur. Immer klarer wird, dass Greg Vaughn mit Sicherheit kein adäquater Ersatz für Andy ist, was ge-

gen Ende dieser Staffel auch zu seiner Entfernung aus der Serie führen wird. Deutlich wird sein begrenztes Spiel in praktisch jeder Szene, in der er einzig zwischen seinen zwei Gesichtsausdrücken „Ich bin glücklich" und „Ich bin traurig" wechselt. Dennoch können seine Auftritte eine ansonsten sehenswerte, weil lebendige und schlichtweg unterhaltsame, Episode nicht wirklich beschädigen.

MUSIK:

„Needs" von Collective Soul (Album „Dosage")

BEWERTUNG:

26. PAKT MIT DEM TEUFEL (DEVIL'S MUSIC)

REGIE: Richard Compton

GASTSTARS: Brian Krause (Leo Wyatt), Larry Holden (Jeff Carlton), David Haydn-Jones (Chris Barker), Alexandra Picatto (Tina Hitchens), Chris Nelson (Masselin), Ralph Garman, Dishwalla (sie selbst)

„Sie sagen jetzt ‚Daryl' und ich sag ‚Prue' und dann sagen Sie überrascht ‚Was tun Sie denn hier?'" – Inspektor Morris zu Prue

INHALT:

Piper eröffnet ihren eigenen Club: das P3. Der Name soll sowohl auf die drei Halliwell-Schwestern als auch auf die Macht von Dreien (Powers of Three) anspielen, was Piper natürlich für äußerst clever hält und sich dafür auch gern selbst auf die Schulter klopft. Zu dumm nur, dass der Laden nicht sofort loslegt und man nur äußerst wenig Gäste zu begrüßen hat.

Die Situation soll sich erst ändern, als Jeff Carlton, der Manager der angesagten Band Dishwalla, bei Piper auftaucht und anfragt, ob seine Jungs nicht in ihrem Club spielen könnten. Angeblich sucht er ein neues Ambiente, etwas Hippes, das zu der Band passt. Carlton kommt aber nicht aus eigenem Antrieb, sondern weil er von Leo entsprechend verhext wird, um sich für das P3 zu entscheiden. Der Grund hierfür ist denkbar einfach: Carlton hat einen Pakt mit dem Dämon Masselin getroffen, der ihn zwingt, ihm bei jeder Dishwalla-Vorstellung eine

junge Frau zu opfern, die er verschlingen und sich ewiglich an den Qualen ihrer Seele laben kann.

Als Piper mit den guten Nachrichten nach Hause kommt, taucht auch Leo auf und erklärt den Schwestern, dass sie den armen Opfern helfen müssen, weswegen er dafür gesorgt hat, dass Dishwalla im P3 auftritt, wodurch die Halliwells die Möglichkeit haben, gegen den Dämon vorzugehen. Piper ist erst wütend auf Leo, dass er ihr das antut. Immerhin ist dies die Chance für den Club, aber angesichts von wildem Dämonentreiben könnte es unangenehme Konsequenzen geben.

KOMMENTAR:

Diese Folge ist eher Durchschnitt und – dafür kann sie aber nichts – leicht verwirrend. Warum? Weil Pro7 merkwürdigerweise diese Folge vorgezogen hat, obwohl sie in der Reihenfolge eigentlich an vierter und nicht an dritter Stelle steht. Damit ergeben sich natürlich Momente, für die die Ausstrahlung der vorherigen Episode nicht schlecht gewesen wäre.

Ansonsten ist „Pakt mit dem Teufel" eine eher gemächliche Episode, was daran liegt, dass keine allzu große Geschichte präsentiert wird. Abgesehen von der Nebenhandlung um den Kredithai, der für das Darlehen des P3 aufkommt und letztlich daran interessiert ist, Pipers Traum an sich zu reißen, bleibt die Geschichte ein wenig austauschbar.

Ein Dämon, der Seelen verzehrt und sich an ihrem Leid erfreut, ist im Horrorgenre nicht gerade neu. Und eigentlich ist er für die Geschichte auch unwichtig, denn die ganzen B-Plots kommen interessanter daher. Immerhin geht es auch um die Beziehung von Leo und Piper, die ein bisschen belastet wird, weil Piper auf ihren Freund sauer ist, da dieser das P3 gefährdet. Ganz zu schweigen davon, dass Leo nie Zeit findet, mit Piper etwas zu unternehmen. Da fragt man sich doch, wie sich die Beziehung noch entwickeln wird, umso mehr, da der neue Nachbar Dan scheinbar auch ein Auge auf sie geworfen hat.

Zu guter Letzt bleibt ein Treffen von Inspektor Morris, dem Partner von Andy, und Prue, wobei die Hexe ihm mehr oder minder gesteht, dass sie an gewissen Fällen arbeiten und unschuldigen Menschen helfen, auch wenn sie keine Details nennt. Damit erfährt Morris weit schneller als der verstorbene Andy ein Mosaik der Wahrheit, weswegen auch seine weiteren Auftritte noch interessant werden.

Leider fallen diese durchweg gelungen erzählten Nebenhandlungen in eine eher laue Hauptstory, die für die Hexen schon beinahe Standard ist. Damit ist die Episode zwar schön anzusehen, aber nicht wirklich großartig.

Dishwalla ist eine kleine Kultband, die bereits seit einigen Jahren aktiv ist und in der letzten Zeit etwas mehr Aufmerksamkeit auf sich ziehen konnte. Gelungen ist ihnen das vor allem durch ihre politisch inkorrekten Texte und ihre ganz spezielle Art, auf der Bühne zu agieren. Bemerkenswert, dass sie sich den Fans bei einem Auftritt nicht unter ihrem Namen vorstellen, sondern der Leadsänger nur brüllt: „I'm Dishwalla".

MUSIK:

„Fortified Grapes" von Gordon (Album „Gordon")

„Pet Your Friends" von Dishwalla (Album „Counting Blue Cars")

„Find Your Way Back Home" von The Other Club (Album „The American Pie Soundtrack")

„Stay Awake" von Dishwalla (Album „And You Think You Know What Life Is")

„Until I Wake Up" von Dishwalla (Album „And You Think You Know What Life Is")

BEWERTUNG:

27. EINFACH UNWIDERSTEHLICH (SHE'S A MAN, BABY, A MAN)

REGIE: Martha Mitchell

DREHBUCH: Javier Grillo-Marxuach

GASTSTARS: Heidi Mark (Darla), Michael McLafferty, Lex Medlin, Nick Stabile, The Cranberries (sie selbst), Georgia Emelin (Jan)

„I might be a man-killing demon and you send me to Bachelor Central?" („Ich bin vielleicht ein männermordender Dämon und du schickst mich zu einer Partnervermittlung?") – Phoebe zu Prue

INHALT:

San Francisco wird von einer Hitzewelle gepackt, die die Menschen der Stadt unruhig schlafen lässt. Besonders schlecht schläft Phoebe, die jede Nacht höchst erotische Träume hat, an deren Ende sie ihren Liebhaber wieder und wieder tötet. Am nächsten Tag beommt Prue Besuch von Daryl Morris, Andys altem Partner. In der vergangenen Nacht wurden vier Männer getötet, die alle mit der Partnervermittlung „Fine Romance" zu tun hatten. Nun bittet Daryl Prue um ihre Mithilfe, da er mittlerweile akzeptiert hat, dass die Halliwell-Schwestern in so manchem Fall mitmischen.

Als Prue mit den Fotos, die Daryl ihr gegeben hat, nach Hause kommt, wirft Phoebe einen Blick auf sie und erkennt die Toten als jene Männer wieder, die sie in ihren Träumen umgebracht hat. Wenig später suchen Prue und Phoebe die Partnervermittlung auf, wobei Phoebe auch alsbald eine Vision hat. Offenbar hält der Tod durch diese Agentur bei den Männern Einzug. Wie sich herausstellt, ist ein Sukkubus, ein männermordender Dämon, für den Tod der hoffnungsvollen Junggesellen verantwortlich. Dieser Dämon ist freilich niemand anders als Darla, die bei „Fine Romance" arbeitet. Doch um sie zu bekommen, müssen die Schwestern einen Zauberspruch nutzen, durch den Prue im wahrsten Sinne des Wortes ihren Mann stehen muss.

KOMMENTAR:

Zeit zur Dämlichkeit. Sorry, aber diese Episode hat die Intelligenz wirklich nicht mit Löffeln gefressen. Was haut nicht hin? Ok, San Francisco ist eine der kältesten Städte der amerikanischen Westküste, aber sehen wir darüber mal hinweg. Wenden wir uns lieber Phoebes Albträumen zu, in denen sie sieht, wie sie Männer nach orgiastischem Sex niedermetzelt. Zu dumm nur, dass in diesen Einspielungen durch den sichtbaren Mund

mehr als prächtig erkennbar ist, dass es sich im Leben nicht um Alyssa Milano handelt. Das raubt der Folge einiges an Spannung. Das wäre an sich immer noch ein kleines Problem, also kommen wir gleich zum großen, zum wirklichen Manko dieser Folge: Shannen Doherty als Mann! Dem amüsierten Aufhorchen der weltweiten (männlichen) Doherty-Fangemeinde folgt ein entsetzter Aufschrei: Wow, sie sieht erstaunlich hässlich aus! Der amerikanischen Presse war zu entnehmen, dass Shannen Doherty die Make-up-Abteilung bat, ihr männliches Aussehen dem ihres Freundes nachzuempfinden, was hoffentlich nicht gelungen ist, oder Doherty hat einen Lover, der hässlich wie die Nacht ist. Das dünne Kinnbärtchen schlägt dem Fass den Boden aus und killt die Episode, die man nach diesem Anblick einfach nicht mehr ernst nehmen kann. Im Original (dieser Besprechung lag die deutsche Synchronisation

leider nicht vor) wird Dohertys Stimme elektronisch verzerrt, was völlig künstlich und, erneut, hässlich klingt. Da selbst das moralinsaure Ende, in dem man sich wieder einmal durch liebe Worte und reine Güte rettet, kläglich versagt, bleiben allein die Cranberries als musikalischer Gaststar bemerkenswert. So sind, wenn die optische Seite schon zum Horror-Trip gerät, wenigstens die akkustischen Einlagen erträglich. Eine der dunkelsten Stunden der Serie.

MUSIK:

„Take a Picture" von Filter (Album „Title of Record")
„Promises" von The Cranberries (Album „Bury the Hatchet")
„Blue Monday" von Orgy (Album „Candyass")
„Just My Imagination" von The Cranberries (Album „Bury the Hatchet")

BEWERTUNG:

28. DER AUSERWÄHLTE (THAT OLD BLACK MAGIC)

REGIE: James L. Conway
DREHBUCH: Vivian Mayhew, Valerie Mayhew
GASTSTARS: Brian Krause (Leo Wyatt), Jay Michael Ferguson (Kyle Gwydion), Brigid Brannagh (Tuatha), Lochlyn Munro (Jack Sheridan), Pamela Kosh (Betty), John Johnston (Joshua), Liv Boughn (Heather), Matthew Senko (Michael)

„Don't you have some other house to fix?" („Musst du kein anderes Haus reparieren?") – Dan
„No" („Nein.") – Leo

INHALT:

Einige Kerle stören die Ruhe einer 200 Jahre alten Hexe namens Tuatha, als sie in deren Höhle eindringen. Als Tuatha erwacht, tötet sie die beiden Burschen, aber zuvor fordert sie von ihnen noch, ihr zu sagen, wo sich ihr Zauberstab befindet. Klar, dass die nichts ahnenden Männer die Frage nicht beantworten können und deswegen ein schnelles Ende finden.

Während Tuatha auf die Suche nach ihrem Zauberstab geht, kommen sich Piper und ihr neuer Freund Dan näher, auch wenn sie noch an Leo denken muss. In dem Moment taucht Leo auch schon auf und bringt schlechte Nachrichten. Die Schwestern müssen einen jungen Mann namens Kyle finden, der sie vor einer bösartigen Hexe, Tuatha, retten kann. Die Halliwells wollen aber nicht unbedingt jemand anderen in Gefahr bringen, weswegen sie versuchen, es selbst mit Tuatha aufzunehmen. Dabei muss Prue feststellen, dass es die alte Hexe versteht, ihr ihre Kräfte zu nehmen. Lediglich ihre Schwestern können ihr helfen, aber nachdem Tuatha auch von deren Existenz erfahren hat, ist es für die Hexe kein Problem, auch ihre Kräfte zu blockieren. Kyle wiederum, der mittlerweile auch zu den Halliwells gelangt ist, weiß nicht, wie er gegen die Hexe vorgehen soll und will es auch nicht wirklich. Als Tuatha die drei Schwestern jedoch attackiert, ändert er seine Meinung. Nachdem Tuatha besiegt wurde, erkennt Leo, dass er Piper nicht das geben kann, was sie begehrt: eine normale Beziehung. Darum verabschiedet er sich einmal mehr von ihr.

KOMMENTAR:

Autsch! Ließ sich die zweite Staffel von „Charmed" abgesehen von einer Ausnahme bislang klasse an, greifen die Macher hier mit einer aus diversen Vorlagen zusammengeklauten Story mächtig daneben. Die Halliwells treten also gegen die „Blair Witch"-Hexe an. Na dann. „Das Blair Witch Project" war der Überraschungshit des Kinojahres 1999. Mit einer Gewinnspanne, die die von „Star Wars: Episode 1" um ein Vielfaches übertraf, da der mit Handkameras heruntergekurbelte Grusler mit einem Budget von 60.000 Dollar auskam, demonstrierte der

Wackelbild-Horrorkracher, dass auch ausgelutschte Themen bei ansprechender Umsetzung faszinieren können. Der weltweite Run auf den Film ist offensichtlich auch den „Charmed"-Machern nicht entgangen. Das fängt mit dem verängstigten Filmemacher, der sich im Wald verirrt hat, an, und endet schließlich bei Tuatha, die sich, von ihrem wenig coolen Make-up mal ganz zu schweigen, doch glatt als „Blair Witch"-Hexe ausgibt. Kann man offensichtlicher klauen? Auf dem Papier mag die Idee der bösen, uralten Hexe, die befreit wird und gegen die Halliwells antritt, gut geklungen haben, aber die Umsetzung vernichtet die Episode.

MUSIK:

„Free" von Paula Cole (Album „Amen")

BEWERTUNG:

29. DIE AKASHA-ROLLEN (THEY'RE EVERYWHERE)

REGIE: Mel Damski
DREHBUCH: Sheryl J. Anderson
GASTSTARS: Misha Collins, Dean Norris, Eddy Saad, Jim Antonio, Marcelo Tubert, Lochlyn Munro (Jack Sheridan)

„Did you find that warlock test yet?" („Hast du endlich einen Warlock-Test gefunden?") – Piper zu Prue

INHALT:

Phoebe sucht wieder mal nach einem Job und arbeitet schließlich ehrenamtlich in einem Krankenhaus, da sie einmal ihrer sozialen Ader frönen will. Dort trifft sie zudem auf einen netten und gut aussehenden Mann. Piper und Prue versuchen sich derweil an einem Zauberspruch, der ihnen die Möglichkeit gibt, Gedanken zu lesen. Sie wollen herausfinden, ob Dan und Jack – Männer, mit denen sie sich eine erfüllte Beziehung vorstellen können – in Wirklichkeit Warlocks sind.
Inzwischen hat Phoebe eine Vision, in der sie sieht, wie Eric, ihr hübscher Bursche, von einigen merkwürdigen Kerlen mit Nadeln an den Fingern angegriffen wird. Wie sich herausstellt,

sind diese Wesen Collectors, die ihren Opfern das Gehirn heraussaugen. Die Schwestern retten schließlich Eric, woraufhin Piper und Prue Phoebe erzählen, dass sie Gedanken lesen können. Es zeigt sich, dass die Collectors hinter Eric her sind, weil in seinem Gehirn ein Code verborgen ist, der zu einer unglaublichen Macht führt.
Prue und Piper gehen zur Arbeit, wo sie endlich herausfinden wollen, ob Jack ein Warlock ist. Dabei erfahren sie aber nur, dass er noch einen Zwillingsbruder namens Jeff hat. Wenig später wird Eric, der sich um seinen bereits ums Gehirn erleichterten Vater kümmert, von den Collectors angegriffen, wobei schließlich ihm und dann Phoebe von den Kreaturen Gewalt angetan wird. Als ihre Schwestern sie retten, kann sie sich an nichts erinnern, noch nicht einmal an Eric, den sie wirklich gern gehabt hat. Phoebe und Prue konnten aber immerhin herausfinden, dass ihre neuen Gefährten keine Warlocks sind.

KOMMENTAR:

Schluss mit der Ernsthaftigkeit, seid zur Heiterkeit bereit! Man glaubt es nicht, aber Prue lacht. Ja, sie lacht! Shannen Doherty, die mittlerweile nicht selten kurz davor steht, zur stets ernsthaften, fast schon grießgrämigen Dauerseriösen Prue zu werden, hat endlich auch mal vor der Kamera den Spaß, den sie als Alleinherrscherin am Set hinter den Kulissen genießt. Fetzige Klamotten, die darauf schließen lassen, dass sie Andys Tod allmählich verarbeitet hat, tragen nicht unwesentlich zu Prues neuer Leichtigkeit bei. Klasse ist Pipers Bammel, als sie glaubt, Dan könnte ein Warlock sein. Schön gespielt von Holly Marie Combs, die hier auch mal den Problemen ihrer Figur entfliehen und einfach nur Spaß haben darf. Apropos Dan. Fast wünscht man sich, der Bursche sei ein Warlock, damit ihn die Schwestern rasch ins Jenseits befördern. Man kann sich nicht entscheiden: Ist Dan, beziehungsweise sein Darsteller Greg Vaughn, nun einfach nur blass oder auch noch total untalentiert? Wie auch immer, der Mann schadet jeder Szene, in der er auftaucht. Zu schade, dass Dan nichts anders als ein gewöhnlicher, menschlicher Niemand ist, der halt bei einer Halliwell landen will. So bleibt er uns wohl nicht erspart. Ein besonderes Kompliment geht wegen Phoebes beeindruckender Kickbox-Qualitäten ans Team. Bislang hatte sie die unspektakulärsten Kräfte des Hexen-Trios, doch nun gibt es immerhin einen Ersatz. Sollten ihr künftig gar fiese Fieslinge gegenübertreten, kann sie sie glatt in die Bewusstlosigkeit versetzen, was doch auch schon was wert ist. Insgesamt eine der langsameren, weniger

actionreichen Episoden, die aber allen relevanten Figuren auf perfekte Weise Charakter-Momente gibt, die von den Darstellern mit immenser Spiellaune dargeboten werden.

MUSIK:

„Falls Apart" von Sugar Ray (Album „14:59")

BEWERTUNG:

30. SCHRECKEN DER TIEFE (P3 H2O)

REGIE: John Behring
DREHBUCH: Chris Levinson, Zack Estrin
GASTSTARS: Finola Hughes (Patty Halliwell), Brian Krause (Leo Wyatt), Scott Jaeck (Sam Wilder), Pat Crowley (Mrs. Johnson), Lochlyn Munro (Jack Sheridan), Emmalee Thompson (junge Prue)

„*Flattery will get you nowhere.*" („*Schmeicheleien bringen dir gar nichts.*") – Prue
„*Got me this job.*" („*Doch, diesen Job.*") – Jack

INHALT:

Patty Halliwell, die Mutter der drei Schwestern, starb vor mehr als 20 Jahren, als sie von einem Dämon ertränkt wurde. Damals musste die kleine Prue mit ansehen, wie ihre Mutter starb und wie man die Leiche später an Land brachte. Als die Schwestern das Sommerlager, in dem sie damals waren, wieder aufsuchen, erinnern sie sich natürlich an den Schrecken von damals.

Die Wiedereröffnung des Sommerlagers bringt auch den Dämon zurück, der Patty Halliwell seinerzeit ermordet hat. Nun tötet er jedoch unschuldige Kinder des Ferienlagers, weswegen die drei Schwestern natürlich eingreifen müssen, wobei sie gleichzeitig Vergeltung für den Tod ihrer Mutter üben können. Dabei muss sich Prue ihren tiefsten Ängsten stellen, bevor der Dämon besiegt werden kann.

Außerdem treffen die Schwestern auf Sam, einen Obdachlosen, der weit mehr ist als er zu sein scheint. Früher war er Pattys Wächter des Lichts und wie sich nun herausstellt, sind Piper und Leo nicht die erste Hexe und der erste Wächter des Lichts, die mehr als nur Freundschaft füreinander empfinden …

KOMMENTAR:

Angels never came down
There's no one here
They wanna hang around
But if they knew
If they knew you at all
Then one by one the angels
Angels would fall.
Der Trost und Schmerz dieser Worte beschreibt diese schlicht-

weg grandiose, betörend gefühlvolle Episode auf perfekte Weise. Die Klänge von Mellissa Etheridge verkünden es: Leo ist wieder da! Und die Liebe folgt ihm dicht auf den Fersen! Willkommen in einer wundervollen Stunde voll tiefster Gefühle.
Besser kann serielles Fernsehen nicht werden: Jede Figur fühlt sich so vertraut und doch so überraschend an, wie es bei den Erfahrungen, die man als Zuschauer mit den Charakteren durch das Betrachten der bisherigen Abenteuer teilt, und wie es bei frischen, mit Überraschungen aufwartenden Drehbüchern nur der Fall sein kann.
Von außergewöhnlicher Bedrohlichkeit ist hier der Bösewicht, der kein Gummimasken-Ich-töte-euch-Spuk ist, sondern ein Dämon, der mit perfider Heimtücke und erbarmungsloser Kälte vorgeht.
Prue musste den Tod ihrer Mutter verarbeiten, loslassen, der schmerzhafteste Teil der Trauer, was sie bis zum heutigen Tag nicht konnte. Wenn sie sich diesen Stachel in ihrer Seite nicht endlich herausreißt, steht zu befürchten, dass sie den Druck eines Tages nicht mehr aushalten wird. Was dann passieren könnte, steht in den Sternen, an einem blutroten Abendhimmel.
Im Herzen dieser 42-Minuten-Spitzen-Unterhaltung steht natürlich die Liebe zwischen Piper und Leo. Endlich reden sie über ihre Gefühle, ihre Beziehung, die verbotenen Freuden, die sie miteinander teilen (wollen). Die Erkenntnis, dass schon ein anderes, ihnen so nahe stehendes Paar dieselbe Erfahrung machte, zwingt sie zur Offenheit. Sehr schön gerät die unterschwellige Erkenntnis über die Unmöglichkeit, sich der Liebe zu entziehen, sie steuern zu wollen. Wohin sie fällt, wen sie ereilt – höher bestimmt oder reiner Zufall, egal, sie ist der Sturm, der einen jeden von uns hinwegfegt. Festhalten bringt nichts. So wird einem höchstens der Arm abgerissen.

Ein wenig zurückstecken muss Phoebe, die in letzter Zeit ein bisschen zu passiv dargestellt wird. Wenig verwunderlich sind da Gerüchte, dass Milano über einen Ausstieg nach der zweiten Staffel nachdenke. Das kann zwar durch ihre Anwesenheit in der dritten Staffel negiert werden, doch immerhin: Ganz zufrieden kann sie mit dem bisherigen Verlauf der zweiten Staffel nicht sein.

Oft wird „Charmed" mit den absoluten Jugend-Fantasy-Kultserien „Buffy" und „Angel" verglichen, wobei Spellings Baby meist schlecht wegkommt. Der weniger rigoros geführte Charakter-Bogen und das völlige Fehlen längerer Handlungsebenen lässt „Charmed" aber zwangsläufig nicht in derselben Liga spielen. Hier und heute schaffen es die Schwestern, ihrer vampirischen Konkurrenz kraft ihrer perfekt gespielten Gefühlslastigkeit einen Pflock ins Herz zu rammen. Ähnlich wie Buffy und Angel werden wohl auch Piper und Leo kaum je in der Lage sein, auf Grund der äußeren Umstände ihren Gefühlen freien Lauf zu lassen. Doch es gibt ein Licht am Ende des Tunnels. Ähnlich wie Joss Whedon werden auch die „Charmed"-Macher einen Weg finden, ihren Charakteren das große Glück doch noch zu bescheren, denn wie Sarah McLachlan schon singt: „I Love You". Wie könnte es da schief gehen?

MUSIK:

„Angels Will Fall" von Melissa Etheridge (Album „Breakdown")
„I Love You" von Sarah McLachlan (Album „MirrorBall")

BEWERTUNG:

31. ZWISCHEN HIMMEL UND HÖLLE (MS. HELLFIRE)

REGIE: Craig Zisk
DREHBUCH: Constance M. Burge, Sheryl J. Anderson
STORY: Constance M. Burge
GASTSTARS: Billy Drago (Barabas, der Angstdämon), Courtney Gains (Marcie Steadwell), Hynden Walch, Antonio Sabato Jr. (Bane), Lochlyn Munro (Jack Sheridan), Carlo Castronovo (Wills)

„Have fun!" („Viel Spaß.") – Phoebe
„I'm working." („Ich arbeite!") – Prue

INHALT:

Piper verbringt viel Zeit mit Dan. Als sie wieder mal nach Hause kommt, tun ihre Schwestern gerade so, als ob sie den seltenen Gast schon gar nicht mehr kennen würden. Piper stört das nicht weiter, denn sie ist heute, sogar an einem Freitag, den 13., sehr glücklich. In dem Moment peitscht ein Schuss durchs Fenster. Die Attentäterin hat versucht, die drei Halliwells zu töten, wird aber von Prue ausgeschaltet. Daraufhin rufen sie Daryl an und enthüllen ihm, dass sie Hexen sind. Angesichts der toten Auftragskillerin bleibt ihnen auch kaum eine andere Wahl.

Die Schwestern finden eine Liste von weiteren Opfern der Killerin, woraufhin Prue und Piper das Apartment von Ms. Hellfi-re, der Mörderin, untersuchen. Wenig später finden sie schließlich heraus, wer hinter dem Anschlag steht: Barabas, der Angstdämon, der einst 13 Hexen hätte töten sollen, aber von den Halliwells besiegt wurde.

Als er auf Prue trifft, gelingt es ihm, ihre größte Furcht gegen sie zu benutzen. Prue fürchtet, ihre Schwestern verlieren zu können, und nun suggeriert ihr Barabas, dass Phoebe und Piper nur Doppelgängerinnen sind, während ihre echten Schwestern der Tod erwartet. Darum greift Prue ihre Schwestern an, aber diese können sie schließlich davon überzeugen, dass sie die echten Phoebe und Piper sind. Gemeinsam gehen sie nun gegen Barabas vor.

Im Verlauf dieses Abenteuers bemerken die Schwestern auch, dass sich ihre Kräfte verstärkt haben. Nunmehr kann Prue einen Astralleib von sich erzeugen, während Piper merkt, dass sie Menschen einfrieren und einzeln aus dieser angehaltenen Zeit herausholen kann.

KOMMENTAR:

Wow! Feinste Unterhaltung präsentiert sich dem erfreuten Zuschauer. Zunächst schaut's nach dem üblichen Alltagsstress aus. Prue wird von ihrem Job aufgefressen, Piper kann sich vor Begeisterung für Dan kaum noch halten, und Phoebe muss sich um Prues Trainingsstunden kümmern. Der Anschlag verändert alles. Daryl weiß nun um die Geheimidentität der Halliwell-Schwestern, was auf recht überraschende Weise dargestellt wird: Der gute Cop scheint keineswegs erschüttert, sondern fast schon gleichgültig. Nicht gleichgültig benimmt er sich gegenüber Phoebe, weswegen man fast an das erste Aufkeimen einer eventuellen Liebelei denken kann. Mal abwarten!

Auffällig ist Prues Garderobenwechsel. In einem heißen Leder-dress, den sie aus der Wohnung der Attentäterin Ms. Hellfire hat mitgehen lassen, wird sie zu Barabas, dem Dämon der Furcht, gebracht. Man kann sagen was man will, aber Shannen Doherty scheint in dieser Staffel beschlossen zu haben, Alyssa Milano in Sachen Sexappeal übertrumpfen zu wollen. Eine Augenweide für alle männlichen Fans der Serie – und eine prima Inspiration für alle weiblichen Fans, was man auch mal anziehen könnte. Die Geschichte an sich ist geradlinig erzählt und besticht primär durch ein paar nette Trickeffekte sowie den stets guten Billy Drago, der hier erneut den Dämon gibt. Interessanter als der passable Vordergrund sind die Entwicklungen im Hintergrund: Wem es auffällt. Erneut ist es Shannen Dohertys Figur, die eine Aufwertung ihrer Kräfte erfährt. Konnte Prue anfangs noch Dinge mit einem intensiven Blick bewegen, war es danach schon ein effektvolleres Winken mit den Händen, doch nun beherrscht sie sogar die astrale Projektion ihres Körpers. Dagegen schneiden ihre Schwestern vergleichsweise übel ab, was gewiss nicht für sonderlich gute Stimmung am Set sorgt. Wenig verwunderlich ist es da, dass gerade zu Drehbeginn dieser Episode Gerüchte von lautstarken Auseinandersetzungen am Drehort in Hollywood die Runde machten. Courtney Gains hat es, sicherlich seiner nicht gerade umwerfend schönen Physiognomie verdankend, im Filmgewerbe nicht leicht gehabt. Trotzdem hat er doch relativ viel gearbeitet. Einem größeren Publikum wurde er als Hans Klopek in der Joe Dante-Komödie „Meine teuflischen Nachbarn" bekannt.

Der am 29. Februar 1972 in Rom geborene Antonio Sabato Jr. ist der Sohn des Charakterdarstellers Antonio Sabato. Zusammen mit Virginia Madsen hat er ein Kind, obwohl er nicht mit ihr verheiratet ist. In der von Steven Spielberg produzierten Serie „Earth II" konnte Sabato Jr. 1994 das erste Mal auf sich aufmerksam machen. Seitdem wirkte das Ex-Unterhosenmodel von Calvin Klein in einigen Aaron-Spelling Produktionen wie „Melrose Place" mit und war in der rasanten Actionkomödie „The Big Hit" zu sehen.

MUSIK:

„Still After You" von Earth to Andy (Album „Chronicle Kings")

BEWERTUNG:

32. MITTEN INS HERZ (HEARTBREAK CITY)

REGIE: Michael Zinberg
DREHBUCH: David Simkins
GASTSTARS: Clayton Rohner (Drazi), Michael Reilly Burke (Cupid), Lochlyn Munro (Jack Sheridan), Tiffany Salerno (Cindy), Brody Hutzler (Max), Jonathan Auke (Kevin)

„If people get the feeling that there's nothing there, eventually it's hasta la vista, Phoebe." („Wenn die Menschen das Gefühl bekommen, dass nichts da ist, dann heißt es schließlich ‚Hasta la Vista', Phoebe.") – Cupid

INHALT:

Der Dämon Drazi raubt Cupids Ring. Kurz darauf verbringen die Halliwell-Schwestern einen schönen Abend. Gemeinsam mit Jack und Dan war man im Kino (dummerweise hat Phoebes Date sie versetzt). Als man danach noch etwas trinkt, taucht Cupid auf und will Phoebe sagen, warum sie keine Liebe finden kann, wobei Cupid aber von Dan und Jack schnell verscheucht wird. Am nächsten Morgen merkt Phoebe, dass keine ihrer Schwestern zu Hause geschlafen hat. Als Prue anruft, taucht Cupid auf.

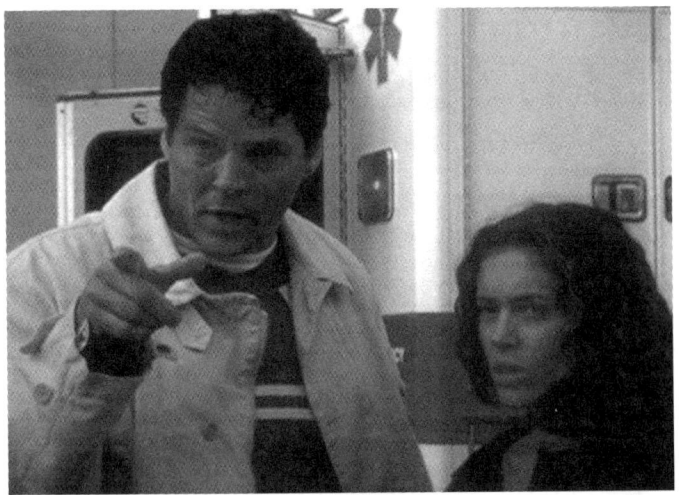

Wenig später sind die Schwestern wieder vereint. Gemeinsam sollen sie Drazi stoppen, obwohl sie noch nicht davon überzeugt sind, dass Cupid der ist, der er zu sein vorgibt. Als Cupid ihnen jedoch von jedem ihrer vergangenen Liebhaber erzählt, glauben sie ihm. Zudem erklärt er Phoebe, dass sie keine Liebe findet, weil sie ihr Herz aus Angst, zurückgewiesen zu werden, verschlossen hat.

Als Drazi beginnt, die Pärchen, die Cupid zusammengebracht hat, wieder zu trennen, versuchen Cupid und die Schwestern, ihn zu stoppen. Als sie ihn mit einem Zauber vernichten wollen, wird er jedoch von Cupids Ring beschützt. Wenig später, als es Drazi gelungen ist, Dan und Piper und Jack und Prue auseinander zu bringen, können Phoebe und Cupid dies wieder gutmachen und ihren Gegner besiegen. Aus dieser Erfahrung hat Phoebe gelernt, dass sie offener sein muss, wenn sie wieder lieben will.

KOMMENTAR:

Endlich gibt Phoebe wieder Vollgas. Hing die Figur in den letzten Folgen noch ziemlich durch und fügte sich ohne nennenswerten Widerstand in ihr Schicksal, wird sie nun wieder Herr (oder besser Frau) ihrer Lage. Für Prue gibt es derweil die Erkenntnis, dass sie, wenn sie ihren Astralleib von sich löst, ihre Kräfte nicht einsetzen kann, was sie völlig schutzlos zurücklässt. Eine notwendige Korrektur der Drehbuchautoren, da sonst das Machtgefüge innerhalb der Halliwell-Hierarchie zu empfindlich gestört worden wäre. Amors Anwesenheit macht eines ganz deutlich: Es ist Beziehungszeit im „Charmed"-Universum! Piper und Dan flirten, was immer noch nicht glaubwürdig oder wünschenswert ist, da Dan nicht sympathisch erscheint und Leo, unser aller Schutzengel, außen vor gelassen wird, was den wenigsten Fans der Serie gefallen wird. Auch interessant ist die Chemie, die sich allmählich zwischen Prue und Jack aufbaut. Dachte man anfangs noch, die älteste der Halliwells würde unbestimmt lange Zeit brauchen, um über Andys Tod hinwegzukommen, so scheint dieser Zeitpunkt nun da zu sein. Und im Gegensatz zur Kombination Piper-Dan funktioniert die Affäre hier sehr gut, da Jacks Integration in das Personengefüge wesentlich geschmeidiger stattfindet, als das bei Dan der Fall war und ist. Phoebe ist ... Phoebe. Ihre kurze, aber heiße Affäre mit Kevin fällt durchs Raster, und die Flirterei mit Armor führt auch zu nichts, da der Liebesbote in sein Reich zurückkehren muss. Negativ fallen hier die mauen Effekte auf, die, wenn man schon nicht das Interesse besitzt, sie wenigstens passabel zu gestalten, besser ganz weggelassen werden sollten. Es ist schon schade, wenn der Erzählfluss durch unnötige Peinlichkeiten unterbrochen wird. Dennoch: eine gelungene Episode voller interessanter und teils sogar schöner intimer Momente der Figuren, die das Ansehen zum Pflichtprogramm werden lässt.

MUSIK:

„I Wanna Be Moved" von Ginny Owens (Album „Without Condition")

„Ga Ga" von Melanie C (Album „Northern Star")

BEWERTUNG:

33. DREI HEXEN UND EIN BABY (RECKLESS ABANDON)

REGIE: Craig Zisk
DREHBUCH: Javier Grillo-Marxuach
GASTSTARS: Stephanie Beacham (Martha Van Lewen), J. Kenneth Campbell (Elias Lundy), Hillary Danner (Alexandra Van Lewen), Lochlyn Munro (Jack Sheridan), Ric Coy (Gilbert Van Lewen), Rolando Molina (Hernandez)

„Are you going to sleep with him?" („Wirst du mit ihm schlafen?") – Piper

„It's just a business trip, that's all!" („Es ist nur eine Geschäftsreise. Mehr nicht.") – Prue

INHALT:

Ein Mann bringt sein Baby aus dem Haus. Als er zurückkommt, besteht seine Frau darauf zu erfahren, wo er ihren Sohn hingebracht hat. Dieser schweigt jedoch und meint nur, dass es zu Matthews Bestem sei. In dem Moment taucht ein Geist auf und tötet Matthews Vater.

Auf einem Polizeirevier sieht Phoebe, wie sich einige Polizisten mit einem schreienden Baby herumplagen. Als sie hinübergeht, hat sie eine Vision und sieht, wie ein Geist versucht, das Baby zu töten. Darum nimmt sie den Jungen mit nach Hause, wo der Säugling erst mal kräftig für Aufruhr bei den Halliwells sorgt. Es zeigt sich aber auch, dass Dan mit Kindern äußerst gut umgehen kann.

Phoebe und Prue finden schließlich heraus, wer Matthews Mutter ist. Derweil merken die Schwestern, wie toll es ist, ein Kind um sich herum zu haben. In jeder von ihnen erwachen richtige Muttergefühle, aber sie vergessen dabei nicht, dass sie irgendwie dafür sorgen müssen, dass der Geist den kleinen Matthew nicht holt. Wie sich herausstellt, ist der Geist der tote Butler der Familie, und es gibt nur einen Weg, ihn ein für allemal zu besiegen: Matthews Großmutter muss sterben.

Als diese erkennt, was nötig ist, um ihren Enkel zu retten, begeht die alte Frau Selbstmord und vernichtet so auch den Geist.

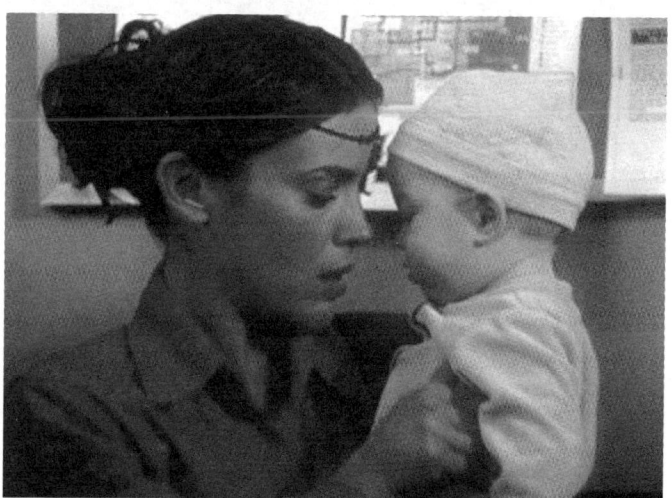

KOMMENTAR:

Der denkbar dunkelste Schatten legt sich über die Halliwells. Die größte Bedrohung, der sie sich je gegenübersahen, tritt auf sie zu: kein Hexer, kein Geist, keine bösen Hexen, sondern ... ein Baby! Der Albtraum eines jeden schlafliebenden Menschen gepaart mit den ihre Müttergefühle entdeckenden Halliwell-Schwestern sorgt für eine prächtige Episode, die herrlich rührend und dennoch gleichzeitig auch verflucht spannend gerät. Dan kann hier erstmals gefallen, was aber angesichts der Gegenwart der niedlichen Windelfraktion nicht allzu verwunderlich ist. Interessant ist, dass Piper den Geist nicht mit ihren Kräften einfrieren kann, was ihr in vergleichbaren Situationen bislang immer gelang. Ein Bruch in ihren Kräften oder eine Strafe dafür, dass sie ihre Gabe entgegen ihrer Aufgabe ganz gern auch mal für den persönlichen Vorteil nutzt? Es könnte sich aber auch einfach nur um einen Schnitzer im Drehbuch handeln. Die Beziehungskiste zwischen Prue und Jack entwickelt sich weiterhin positiv – und das sowohl für die

Figuren, die allmählich Intimität aufbauen, als auch für die Zuschauer/-innen, denen sich eine sehr menschliche Episode voller schöner Momente darbietet. Auch weiterhin wird die Rolle des Jack so entspannt und sympathisch aufgebaut, dass es keinen Grund gibt, ihn für einen unangemessenen Andy-Ersatz zu halten. Da ist die Serie auf dem rechten Weg. Unerwartet ist das Geständnis von Morris. Vorher war nie erwähnt worden, dass er verheiratet sei oder gar Kinder habe, was die Theorie einer Affäre zwischen ihm und Phoebe ins Reich der Märchen verbannt. Angesichts der tollen Chemie der Darstellerinnen steht die Vermutung ins Haus, dass eher früher denn später auch ein Baby in die fortlaufende Handlung eingeführt werden wird. Die Wetten darüber, welche der drei Titeldarstellerinnen als erste im wirklichen Leben schwanger wird und somit die Rolle ob der physiognomischen Übereinstimmungen übernehmen darf, werden noch angenommen ...

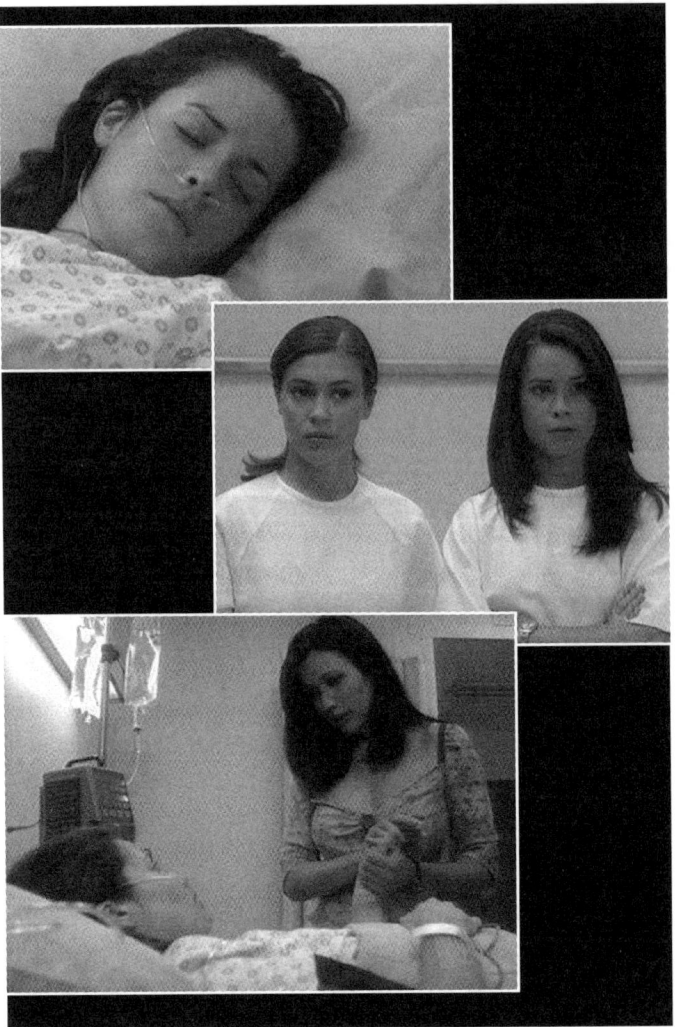

MUSIK:

„Human Touch" von Pocket Size (Album „100% Human")
„I Love You" von Martina Mc Bride (Album „Emotion")

BEWERTUNG:

34. FIEBER (AWAKENED)

REGIE: Anson Williams
DREHBUCH: Vivian Mayhew, Valerie Mayhew
GASTSTARS: Brian Krause (Leo Wyatt), Matthew Glave (Dr. Williamson), Andrew Ducote (Nathan), Lochlyn Munro (Jack Sheridan), Daniel Reichert (Dr. Seigler), Monica Allison, Louisa Abernathy (Angie)

„May the best man win!" („Möge der Bessere gewinnen.") – Leo, der mit Dan um Pipers Gunst ringt

INHALT:

Piper schneidet eine exotische Frucht und hustet vor sich hin, als Phoebe hinzukommt. Sie erzählt ihrer Schwester, dass sie endlich weiß, was sie machen will: Sie wird wieder aufs College gehen. Piper findet das toll, aber Phoebe ist plötzlich um ihre Schwester besorgt, der es gar nicht gut geht. Im Club kollabiert Piper schließlich, woraufhin sie ins Krankenhaus gebracht wird. Dort sind die Ärzte ratlos, finden aber schließlich heraus, dass sie am Aroya-Fieber erkrankt ist. Diese Krankheit hat sie sich offensichtlich durch einen Erreger bei der Lieferung der Früchte zugezogen.

Derweil müssen Prue und Jack ein Gemälde von Monet bewerten, erkennen aber, dass es eine Fälschung ist. Als man bei Bucklands später beschließt, das Stück trotzdem zu verkaufen – immerhin will man keine Verluste machen – kündigt Prue ihren Job und lässt Jack einfach stehen.

Als es Piper immer schlechter geht und sie ins Koma fällt – nicht einmal Leo kann helfen –, entschließen sich Prue und Phoebe für einen Zauberspruch, der Piper wieder weckt und gesunden lässt. Das Aroya-Fieber ist jedoch nur übergesprungen und beginnt nun, andere Menschen zu plagen. Die Doktoren fürchten eine Epidemie und stellen Quarantänemaßnahmen auf, aber alles scheint nichts zu nutzen.

Da entschließt sich Piper, dass ihre Schwestern den Zauberspruch aufheben müssen. Nachdem dies geschehen ist, erkrankt sie wieder und stirbt, aber als sie sich auf das helle Licht zu bewegt, erscheint Leo und gibt ihr den Funken des Lebens zurück.

In jener Nacht taucht Leo auch im Club auf. Offenbar erhielt er von den Mächten des Lichts eine Bestrafung, doch das ist ihm egal: Ihn interessiert nur Piper und er ist gewillt, sie wieder für sich zu gewinnen.

KOMMENTAR:

Das Positive zuerst: Endlich gibt's mal wieder was für Phoebe zu tun. Da sie nun aufs College, seit jeher eine Urstätte amerikanischer TV-Unterhaltung, gehen wird, die derzeit ja auch bei „Buffy" für viel neue Energie sorgt, bietet sich ein ganz neuer Mikrokosmos voller Möglichkeiten, die es zu entdecken gilt. Auch ihre Szenen mit dem kleinen Jungen bieten Milano mehr als einmal allerbeste Gelegenheit, erneut absolut sympathisch rüberzukommen.

Interessant ist die Wahl der Schwestern, das Leben ihrer Schwester zu retten, obwohl sie dadurch aller Wahrscheinlichkeit nach ein großes Unglück über die Menschheit bringen. Das passt nicht richtig gut zu ihrem sonstigen Menschheitsretter-Prinzip und kann durchaus als Drehbuchfehler angesehen werden.

Die Ninja-Puppe, die den Virus verbreitet, ist eine nicht sonderlich coole Idee, und die Umsetzung weiß auch nicht zu überzeugen. Belebte Killer-Puppen wie „Chucky" fallen einem da natürlich schnell ein, wobei schon auffällt, dass dieses Konzept prinzipiell für reichlich Peinlichkeit sorgt. Dass sich die Schwestern auf einmal blitzschnell fortbewegen können, mutet zudem nicht wenig bizarr an, da das nie erklärt wird und auch plötzlich nicht mehr der Fall ist. Hier ist das Drehbuch etwas unschlüssig. Dramatisch ist die Szene, in der Piper tatsächlich stirbt und gen Himmel aufsteigt. Die Effekte sind hier wirklich poetisch gut gelungen. Leo, dem eigentlich von den himmlischen Bossen jegliches Eingreifen untersagt war, heilt seine Liebe schließlich, so dass sie wieder auf die Erde hinabsteigen kann. Dass sie beim Erwachen „Leo" haucht, was ihr anwesender Freund Dan mitbekommt, sorgt natürlich für neues Konfliktpotenzial innerhalb der Dreierkiste Piper-Dan-Leo. Die Konsequenz ist, dass Leo ihr bei der Neueröffnung des Clubs gesteht, man habe ihn auf Grund seiner Aktion zum Menschen gemacht, worüber er nicht sonderlich unglücklich zu sein scheint. Klar, das Engel-Sein von Leo wird in letzter Zeit fast so beiläufig wie ein Lichtschalter an- und ausgeknipst, was die Dramatik der jeweiligen Ankündigung abschwächt.

Nett fällt das Ende dieser nur mittelmäßigen Folge aus, da Pipers Aussage gegenüber Leo, sie habe bereits einen Freund, alles andere als sicher wirkt. Da ist das letzte Wort noch nicht gesprochen. Eben dieses muss mit leider negativem Endergebnis über „Fieber" gefällt werden. Eine Episode, die nicht viel versucht und selbst das Wenige nur schwerlich erreicht.

MUSIK:

„Under the Influence" von Citizen King (Album „Mobile Estates")

„Lust" von Tori Amos (Album „To Venus and Back")

„The Chemicals Between Us" von Bush (Album „Science of Things")

„Five Fathoms" von Everything but the Girl (Album „Temperamental")

BEWERTUNG:

35. EIN TIERISCH GUTER SPUK (ANIMAL PRAGMATISM)

REGIE: Don Kurt
DREHBUCH: Chris Levinson, Zack Estrin
GASTSTARS: Brian Krause (Leo Wyatt), Christopher Wiehl, Tim Griffin, Rafer Weigel, Steve Monroe, Lela Lee, Kelly McNair, Katie Johnston, Janice Robinson (sie selbst)

Phoebe reicht einem Schönling eine Einladung für eine Party.
„Why?" („Warum soll ich da hinkommen?") – Schönling
„Because I'll be there." („Weil ich auch da bin.") – Phoebe

INHALT:

Am Valentinstag merkt Phoebe, dass Studienkommilitoninnen ein Buch mit Liebeszaubersprüchen benutzt haben, um drei Tiere in romantische Liebhaber für eine Nacht zu verwandeln. Dabei haben die unwissenden jungen Frauen jedoch nicht damit gerechnet, dass diese neugeborenen Männer einige ihrer animalischen Instinkte behalten haben könnten. Darum beginnen die drei auch sehr bald, auf dem Campus unschuldige Studenten zu attackieren.

Als Janice Robinson im P3 auftritt, will Phoebe die Gelegenheit nutzen, um die drei wieder in Tiere zu verwandeln, aber etwas geht schief und die Besucher werden praktisch in einen herumstreunenden Zoo verwandelt.

Derweil muss sich Prue damit auseinander setzen, nun arbeitslos zu sein, während Piper bei ihrem romantischen Dinner mit Dan erkennt, dass das Leben einfach nicht leicht ist. Leo, der nunmehr ein normaler Mensch ist und im Club arbeitet, unternimmt alles, um Piper für sich zu gewinnen.

KOMMENTAR:

Die Suche nach dem perfekten Partner sorgt im wahren Leben für so manche Verwirrung – und im Fernsehen zu so manch guter Serienepisode. Dazu zählt „Ein tierisch guter Spuk" mehr auf inhaltlicher, denn auf inszenatorischer Ebene. Dass Frauen von der Venus kommen, ist ja schon bekannt, aber dass Männer Schweine, Schlangen und Häschen sind, ist gelinde gesagt etwas beleidigend. Die Implikation, sie seien kaum mehr als höher entwickelte Tiere mag den Serien-Machern witzig vorgekommen sein, sie sorgte in den Staaten aber auch für großes Murren seitens der männlichen „Charmed"-Fans und eine nur schwer verständliche Moral von der Geschichte. Sind Männer nun Schweine oder Frauen einfach dämlich? Der Leser merkt es, dies ist keine clevere Episode. Davon abgesehen geht's hier mal wieder um die Liebe. Da der Valentinstag ansteht, will Phoebe ein paar Kommilitoninnen auf die Sprünge helfen, was fürchterlich schief geht. Dabei schießen sich die Schreiberlinge flugs in den eigenen Fuß. Zwar deuten sie an, Männer seien kaum mehr als Tiere, andererseits räumen sie den Frauen ein extrem geringes Maß an Intelligenz ein. Wie sonst lässt sich erklären, dass sie sich ein Schwein und eine Schlange aussuchen, um daraus einen Herzensbuben zu erschaffen?

Von dem dämlich geschriebenen und dämlich inszenierten Hauptplot mal abgesehen, gibt's auf Halliwell-Ebene Positives zu vermelden: Dan haut ab! Nun, da Leo als Mensch in Pipers Bar jobbt, kann sich der arme Dan vor Eifersucht kaum noch halten. Dabei befindet er sich eindeutig auf der Verliererseite. Leo weiß um Pipers Fähigkeiten, um ihr Schicksal. Mehr noch als das teilt er es, ist ihr Schicksalsgefährte. Die Intimität, die aus diesem Umstand folgt, wiegt schwerer als jedes Gefühl, das Piper für Dan empfinden mag. Davon abgesehen wurde Dan als viel zu unfreundlich und unangenehm eingeführt, sodass die Leo-Piper-Romanze nie ernsthaft in Gefahr schwebte. Schade, dass man dann nicht so konsequent war, Dan zum Bösewicht auszubauen. Daraus hätte was werden können.

Sehr gefällig gestalten sich Phoebes modische Experimente. Sie genießt ihre College-Erfahrung, und Allyssa Milano scheint den Spaß ihres Lebens zu haben. Die Schönheit, die schon als Kind bei „Wer ist hier der Boss?" über ein perfektes Comedy-Timing verfügte, wird immer wichtiger für die Serie und gewinnt so rasch an Dynamik und Selbstbestimmtheit, sodass sie eines Tages fast schon eine Art Anführerin innerhalb des Trios werden könnte. Natürlich wird hier auch Milanos Wünschen entsprochen, an deren Abwanderungs-Gerüchten offensichtlich doch etwas war – schließlich wird ihre Figur nunmehr in den Vordergrund geschrieben.

MUSIK:

„Finally Taking Over" von Janice Robinson (Album „The Color Within Me")

„Nothing I Would Change" von Janice Robinson (Album „The Color Within Me")

„The Search for Love" von Janice Robinson (Album „The Color Within Me")

„I Promise You" von Judith Owen (Album „Creatures of Habit")

BEWERTUNG:

36. VERFLUCHT IN ALLE EWIGKEIT (PARDON MY PAST)

REGIE: Jon Pare
DREHBUCH: Michael Gleason
GASTSTARS: Tyler Christopher (Anton), Jeanette Miller (Christina Larson), Daveigh Chase (junge Christina), Susan Savage

„Doesn't Leo feel awkward being around Dan?" (*„Sieht Leo neben Dan nicht ein bisschen lächerlich aus?"*) – Piper
„Doesn't look that way to me." (*„Find ich nicht."*) – Prue

INHALT:

Die Halliwells geben eine Party bei sich zu Hause, wobei Piper ein bisschen niedergeschlagen ist, weil Leo und Dan sich miteinander unterhalten. Wenig später kommt Phoebe aus ihrem Zimmer und bittet darum, etwas leiser zu feiern, da sie noch zu lernen hat. Als die Party endet, wird Phoebe von einer Art Geist angegriffen. Leo glaubt, dies könnte etwas aus einem

vergangenen Leben sein, aber Piper will das nicht so recht glauben. Als es jedoch wieder geschieht, vollführt Phoebe einen Zauberspruch, der sie in die 20er Jahre zurückversetzt. Dort ist sie böse, während Piper und Prue nicht ihre Schwestern, sondern ihre Cousinen sind. Piper ist noch dazu mit Dan verheiratet, während Prue sich als Fotografin verdingt. Phoebe wiederum fühlt sich zu Anton, einem Warlock, hingezogen. Hinzukommt noch, dass diese vergangene böse Phoebe weit mehr Macht hat als die gegenwärtige. Immerhin kann sie Feuerstöße abfeuern.

Wieder in der Gegenwart erkennt Phoebe, dass sie ein Amulett an sich bringen muss, ohne das sie mit Sicherheit sterben wird. Zurück im vergangenen Leben versuchen Phoebe und Anton,

Piper und Prue zu töten, woraufhin sie von ihren Cousinen verflucht wird, auf dass sie und Anton niemals wieder zueinander finden sollen. Als die gegenwärtige Phoebe in der Gegenwart einen Zauberspruch schreibt, der ihr helfen soll, das Chaos hinter sich zu bringen, wird klar, dass es Anton war, der sie von Anfang an manipuliert hat: Er nämlich will seine böse Phoebe zurück ...

KOMMENTAR:

Die Story vom bösen zweiten Ich ist im Fantasy-Genre mehr als wohl bekannt. Vor zwei Jahren begegnete die „Buffy"-Figur Willow ihrem vampirischen Ebenstück aus einer anderen Dimension und selbst „Star Trek"-Captain Kirk sah sich einst seinem böswilligen Ebenbild gegenüber – und hatte einige Schwierigkeiten. Das Jekyll-und-Hyde-Prinzip über den ewi-

gen Kampf zwischen Gut und Böse, der in der Seele eines jeden Menschen tobt, bietet einfach eine perfekte Spielweise, auf der Figuren aus ihrem üblichen Ereignishorizont entnommen werden und vollkommen entgegengesetzt charakterisiert werden können. Ähnlich ergeht es hier den Halliwells, die gut damit zu tun haben, Antons Pläne zu durchkreuzen.

Phoebe muss am und im eigenen Leib erfahren, was es heißt, das Monster in einem selbst von der Kette zu lassen. Die Zeitreise wird hier clever genutzt, um die junge Frau in ein früheres Leben zu versetzen, in dem sie abgrundtief bösartig veranlagt war. Derweil befanden sich Pru und Piper doch deutlich mehr auf der Seite des Guten. Die zeitgereiste Phoebe findet gar Gefallen an ihrem dunklen Ich, das nur einen Schritt über die imaginäre Grenzlinie namens Moral tätigt und mit reicher Beute belohnt wird. Erst die Erkenntnis, welchen großen Preis, der Verlust ihrer Güte, ihrer Freunde und ihrer Herzenswärme, sie dafür zahlen müsste, rüttelt Phoebe wieder auf.

Alles in allem eine faszinierende Folge, da sie überraschend düstere Töne anschlägt und Alyssa Milano endlich mal wieder Gelegenheit bietet, ihr beträchtliches Schauspieltalent unter Beweis zu stellen. Abschließend kann man nur hoffen, dass Phoebe in dieser Realität niemals durch eine Verkettung unglücklicher Umstände zu dem Wesen wird, in das sie hier schlüpft. Dann wäre es kaum zu vermeiden, dass ihre Schwestern drastische Schritte unternehmen, wenn es darum geht, Schlimmeres zu verhindern ...

MUSIK:

„Homecoming" von Owsley (Album „Owsley")
„Can't Stand It" von Wilco (Album „Summer Teeth")

BEWERTUNG:

37. DAS ZEICHEN (GIVE ME A SIGN)

REGIE: James A. Contner
DREHBUCH: Sheryl J. Anderson
GASTSTARS: Keith Brunsmann, Steve Railsback (Litvack), Antonio Sabato Jr. (Bane), Geoff Meed

„You're in love with two guys who both love you. I totally get it. But I don't get why you won't let me help you." („Du bist in zwei Kerle verliebt, die dich auch lieben. Soweit komme ich mit, aber warum lässt du nicht zu, dass du mir helfe?") – Phoebe zu Piper

INHALT:

Bane, der kurzzeitig für Barabas gearbeitet hat, wird von einigen Männern des Dämonen Litvak aus dem Gefängnis befreit. Kurz darauf beginnt Piper, kleine Nachrichten zu bekommen, wobei sie sich auch endlich zwischen Dan und Leo entscheiden muss. Wenig später wird Prue von Bane entführt. Als Daryl Phoebe und Piper von Banes Ausbruch erzählt, ist ihnen klar, dass er Prue gekidnappt hat.

Prue kontaktiert ihre Schwestern mit ihrem Astralleib und erklärt ihnen, nicht nach ihr zu suchen, da es eine Falle ist. Derweil wird Bane verletzt, als er Prue vor einem von Litvaks Männern rettet. Nachdem sie ihn verarztet hat, schlafen beide miteinander, denn auf merkwürdige Art fühlt sich Prue von dem Mann angezogen.

Inzwischen ist es Piper und Phoebe gelungen, die Spur ihrer Schwester zurückzuverfolgen, wobei sie sie mit einem mehr oder minder nackten Bane zusammen finden. Gemeinsam will man nun einen Weg finden, gegen Litvak vorzugehen. Als dieser Bane das Angebot macht, dessen Leben im Austausch gegen die drei Schwestern zu schonen, geht dieser scheinbar darauf ein. Man trifft sich auf einem Friedhof, wo es Bane schließlich gelingt, Litvak zu vernichten.

Piper hat nun auch endlich erkannt, für wen ihr Herz wirklich schlägt: Leo ist der Mann, mit dem sie ihr Leben verbringen will.

KOMMENTAR:

Bane is back – und in Prue erwachen die Hormone. Musste die Figur in letzer Zeit trotz leichter romantischer Anflüge mit Jack sexuell eher zurückstecken, mutiert die Halliwell-Älteste hier zur toughen Action-

Heldin, die sich mit dem Bösen verbündet und dabei sogar ihren Spaß hat. Eine Aktion, die um so verständlicher ist, da sich ihre Schwestern auf dem Weg befinden, sodass Prue nicht mehr die Ersatzmutterfunktion übernehmen muss. Ein Gedanke, dem auch Shannen Doherty einiges Gutes wird abgewinnen können, die ihre Rolle immer mehr zu ihrer Vision macht. Während der Dreharbeiten dieser Episode konnte sie sogar den Vertrag für ihre erste Regie-Arbeit bei „Charmed" an

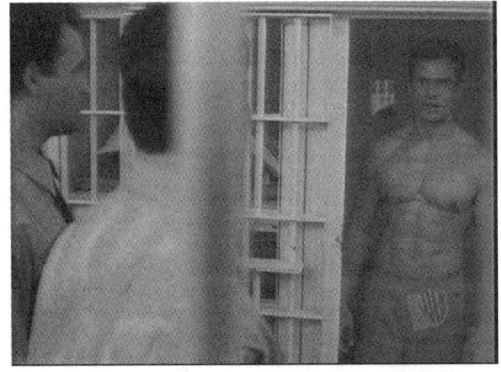

Land ziehen: Ein Zeichen ihrer bevorzugten Stellung innerhalb der Produktions-Hierarchie. Soap-Schönling Sabato Jr. wiederholt hier seine Rolle des Bane, was immerhin die Hintertür für weitere Auftritte der Figur offen lässt. Inszenierung, Musik und Drehbuch schneiden sehr gut ab, was von den Effekten auch auf fast ebenbürtigem Niveau behauptet werden kann. Eine starke Folge, die für alle Doherty- und Prue-Fans unerlässlich ist.

MUSIK:

„Making It Up As I Go Along" von Marie Wilson (Album „Real Life")

„Just a Little Hole" von Beth Hart (Album „Screamin' For My Supper")

BEWERTUNG:

38. VOM PECH VERFOLGT (MURPHY'S LUCK)

REGIE: John Behring

DREHBUCH: David Simkins

GASTSTARS: Arnold Vosloo (Wächter der Dunkelheit), Amy Adams (Maggie Murphy), Kent Faulcon (Mr. Corso)

„No. But I still think that's not true. People recover from depression." („Nein, aber ich glaube immer noch, dass das nicht wahr ist. Menschen erholen sich von Depressionen.") – Phoebe auf die Frage, ob sie eine Psychiaterin ist

INHALT:

Prue versucht sich als Fotografin und will einen Job bei einem Magazin ergattern. Als Probeauftrag soll sie ein Foto von Maggie Murphy liefern. Als sie zu deren Wohnung geht, sieht sie, wie Maggie auf dem Dach ist und springt, wobei Prue sie gerade noch rechtzeitig retten kann. Wie sich später herausstellt, ist ein Wächter der Dunkelheit schuld daran, dass Maggie sich umbringen wollte.

Während Piper überlegt, was sie Dan wegen ihrer Beziehung zu Leo sagen soll, erzählt Maggie Daryl auf dem Polizeirevier von dem Engel, der sie gerettet hat: Prue. Als Sie und Phoebe

kommen ebenfalls zum Revier, wo sie einen Glücksspruch für Magie schaffen, was dem Wächter der Dunkelheit nicht gerade gut gefällt.

Wenig später macht Prue ein Foto von Maggie, aber der Wächter der Dunkelheit vernichtet ihre Fotos, sodass der Job für sie gestorben ist. Leo und Piper haben inzwischen herausgefunden, dass der Wächter der Dunkelheit gute Menschen in den Selbstmord treibt, indem er ihnen weismacht, sie hätten andere Menschen verletzt. Da hat Phoebe eine Vision der Vergangenheit und sieht wie Prue, die sich für einen Unfall vor acht Jahren, bei dem Phoebe schwer verletzt wurde, die Schuld gibt, auf einer Brücke steht – scheinbar bereit zu springen. Nun nutzt der Wächter der Dunkelheit diese alten Gefühle und will Prue dazu bringen, sich selbst zu töten.

Piper und Phoebe eilen ihrer Schwester zu Hilfe. Leo, der es hasst, nichts tun zu können, fleht die Mächte des Lichts an, ihm seine Kräfte zurückzugeben. Als dies geschieht, kommt er noch rechtzeitig, um mitzuerleben, wie die Halliwells den Wächter der Dunkelheit besiegt haben. Piper erklärt Leo, dass sie es schaffen werden, ein schönes, gemeinsames Leben zu haben.

KOMMENTAR:

„Vom Pech verfolgt" kann voll überzeugen. Nach einem dramatischen Aufbau, der den Wächter der Dunkelheit als gewaltige, weil unsichtbare und sehr mächtige Bedrohung aufbaut, kommt es schließlich zu dem folgenschweren Punkt, an dem sein Fluch auf Prue übergeht. Binnen kürzester Zeit wird sie in einen Autounfall verwickelt, stößt Weingläser um, verliert ihren Job und bringt beinahe einen Skater um. Das kann man wohl eine Pechsträhne nennen. Das Drehbuch nutzt diese Situation, um in die Psyche der meist so rätselhaften jungen Frau vorzustoßen. Wie sich schon seit Beginn der Staffel verdeutlicht hat, ist Prue diejenige der Schwestern mit dem kompliziertesten Innenleben, das so manche Düsternis in sich birgt. Während die unbedarfte Phoebe ihr Herz auf der Zunge trägt und Piper voll ruhiger Ehrlichkeit ist, scheint Prue nicht völlig entschlüsselbar zu sein. Dem Zuschauer ist immer klar, dass da etwas ist, ein Stachel, der sie quält, aber dieser Quell des Unglücks wird nie

mit Worten auf den Punkt gebracht. Ist es die Jugend, in der sie zu früh die Mutterrolle übernehmen musste? Ist es Andys Tod, der ihr Herz verdunkelte? „Vom Pech verfolgt" bietet neue Einsichten: Vor acht Jahren war Prue an einem schrecklichen Autounfall beteiligt, auf Grund dessen Phoebe ins Krankenhaus musste. Das überwältigende Schuldgefühl und die Hoffnungslosigkeit, da ihr keine Mutter zur Seite stehen konnte, führte Prue damals zu einem gescheiterten Selbstmordversuch. Danach vergrub sie diese Erinnerung in den tiefsten Tiefen ihres Wesens.

Der Wächter der Dunkelheit, routiniert gespielt von „Die Mumie"-Star Arnold Vosloo, gräbt diesen Schmerz wieder aus und treibt Prue allmählich erneut in Richtung Selbstmord. Nur der Einsatz ihrer Schwestern kann ihr helfen. Und natürlich auch der Leos, der sein Menschsein wieder aufgibt und zum Engel wird, um Prues Aufenthaltsort herauszufinden. Etwas seltsam mutet es an, dass Piper und Phoebe auch ohne seine Tat ans Ziel gelangt wären, sodass sein Handeln unnötig war, was sicherlich nochmal thematisiert werden wird. Erfreulich dagegen ist Pipers Ankündigung, dass sie mit seiner Unsterblichkeit kein Problem hat.

Arnold Vosloo wurde am 16. Juni 1962 in Pretoria, Südafrika, geboren. Schon in jungen Jahren etablierte er sich durch seine Theaterarbeit als führender Schauspieler seines Landes und heimste mehrere Preise ein. Nach seinem Umzug in die Vereinigten Staaten fiel er vor allem als entstellter Held in „Darkam 2+3" auf, spielte in John Woos „Hard Target" und natürlich als fieser, wieder auferstandener ägyptischer Priester in dem Welterfolg „Die Mumie". Im zweiten Teil des Effekte-Zaubers ist er im Sommer 2001 wieder in den Kinos zu bestaunen.

MUSIK:
„Lucky" von Bif Naked (Album „I Bificus")
„Higher" von Tara McLean (Album „Passenger")

BEWERTUNG:

39. EWIGE JUGEND (HOW TO MAKE A QUILT OUT OF AMERICANS)

REGIE: Kevin Inch
DREHBUCH: Javier Grillo-Marxuach, Robert Masello
STORY: Javier Grillo-Marxuach
GASTSTARS: Anne Haney (Gail Altman), Pamela Gordon (Amanda), Lucy Lee Flippin (Helen), Cameron Bancroft (Cryto), Julia Lee (junge Gail), John Gowans (Mr. York), Bill Wiley

„Piper! What are you doing! Those are your favorite boots!" („Piper! Was machst du da. Das sind deine Lieblingsstiefel.") –

Phoebe, als Piper ein Paar Stiefel wegwirft
„I got demon blood on them from one of their vanquishings." („Ich hab Dämonenblut draufbekommen, als wir wieder mal einen der Dämonen besiegt haben.") – Piper

INHALT:
Drei Hexen beschwören den Dämon Cryto, der die Eitelkeit der Menschen ausnutzt. Für ihre Jugend bietet Gail, eine der Hexen, ihm die Kräfte der Halliwell-Schwestern an. Später erhalten die Schwestern einen Anruf von ihrer Gail, jener Hexe, die Cryto ihre Mächte versprochen hat und die die beste Freundin ihrer Großmutter war. Sie will sie besuchen, weil sie gewisse „Dämonenprobleme" hat. Gail erzählt den Schwestern, dass ein Dämon eine Spur des Todes hinter sich her zieht, aber ein ganz bestimmter Spruch aus dem Buch der Schatten ihn bannen könnte.

Piper wird misstrauisch, aber es gelingt Gail, einen Spruch zu finden, der die drei Hexen von ihren Kräften trennt. Als die Schwestern später Gail besuchen, werden sie von ihr hintergangen, wodurch sie ihre Kräfte verlieren. Daraufhin macht Cryto Gail wieder zu einer jungen Frau und beginnt, überall in der Stadt alte Menschen wieder jung zu machen, wobei diese ihre Seelen verlieren.

Derweil versuchen die Halliwells einen Weg zu finden, ihre Kräfte wieder an sich zu bringen. Dabei hätte Piper am liebsten gar keine Kräfte mehr, da sie nicht länger eine Hexe sein will, aber auch sie bekommt sie zurück. Erst, wenn ihre Schwestern auch so weit sind, will sie aufhören, eine Hexe zu sein.

KOMMENTAR:
Themen wie das Älterwerden sind universell und somit beste Grundlage für TV-Episoden. Der Verfasser dieser Seiten wird im November 26 und hat die ersten grauen Haare. Auch bei den Halliwells beginnt der körperliche Verfall: Phoebe braucht eine Brille. Da sie aber die Eitelste der drei Schwestern ist, wird sie den Teufel tun, ehe sie sich eine Lesehilfe auf die hübsche Nase setzt – obwohl sie damit vermulich noch schöner aussehen würde. Lustige Szenen sind die Folge, in denen Alyssa wie so oft durch tolles Timing glänzt. Eine wunderbare Schauspielerin, die man endlich auch mal auf großen Kinoleinwänden sehen möchte. Wer weiß, vielleicht gibt es ja eines nicht allzu fernen Tages einen „Charmed"-Kinofilm, in dem die süßen Hexen ins Mittelalter reisen und gegen fiese Drachen kämpfen. Potenzial und genügend Zuschauer gäbe es jedenfalls unter Garantie.

Prue, die ihren Job als Fotografin aufgegeben hat, muss sich derweil daran gewöhnen, dass sie nicht länger der Familienversorger ist. Diese Rolle hat nun Piper inne, deren Geschäft die finanzielle Grundlage für die Halliwells darstellt.

Piper kommt zu dem Entschluss, nicht länger eine Hexe sein zu wollen, da dieser Umstand ihrem persönlichen Glück wohl ewig im Wege stünde.

Somit hat jede der Schwestern gerade an einem enormen persönlichen Problem (wenn man Phoebes Eitelkeit denn so auslegen möchte) zu knabbern, als sie von einer Frau in die Falle gelockt werden, die ihre Kräfte will, um wieder jung zu werden. Die Art und Weise, wie die Schwestern sich dieser Gefahr entziehen, ist vordergründig recht unterhaltsam, aber nicht

der Mega-Knaller in Sachen Action und Hochspannung. Viel wichtiger sind die Entwicklungen, die die Schwestern so kurz vor Ende der 2. Staffel durchmachen. Prue scheint auf eine Midlife-Crisis zuzulaufen, Piper hadert mit ihrem Schicksal und einzig Phoebe scheint auf dem Weg ins Glück zu sein. Was wird bis zum Staffelende noch geschehen?

MUSIK:
„Bilimic Beats" von Catatonia (Album „Equally Cursed & Blessed")

BEWERTUNG:

40. DER REINSTE HORROR (CHICK FLICK)

REGIE: Michael Schultz
DREHBUCH: Chris Levinson, Zack Estrin
GASTSTARS: Chris Payne Gilbert (Billy), Robin Atkin Downes (Dämon der Illusion), Mark Lindsay Chapman (Finley Beck), Kent Faulcon (Mr. Corso), Olivia Summers (Bloody Mary), Leslie Lauten (Sally Mae)

„Well, we're getting too tough for these guys." („Na ja, wir werden einfach immer zäher und die Kerle halten nichts mehr aus.") – Prue, nachdem mal wieder ein Dämon verschwunden ist

INHALT:
Piper fühlt sich schlecht, weil sie mit Dan Schluss machen musste, aber immerhin ist Leo der Mann, der ideal zu ihr passt. Als Phoebe an diesem Abend zurückkommt, redet sie ausschließlich von Billy, der eigentlich nur in einem Film existiert. Als es an der Tür klingelt, öffnet Phoebe und wird von einem Mann geschubst, woraufhin dieser zu einem Kino flieht. Prue und Phoebe folgen ihm, wobei der Mann schließlich auf der Leinwand eines Kinos auftaucht und inmitten eines Films ist. Derweil hat Piper ein Date mit Leo, aber ausgerechnet dort,

wohin die beiden gehen, treffen sie auf Dan, der mit einer Freundin ebenfalls anwesend ist. Darum bringt Piper das gesamte Restaurant zum Erstarren, und sie und Leo verschwinden wieder.

Prue soll für das Magazin, für das sie fotografiert, auch ein Bild von Finley Beck, einem ihrer Idole machen. Wie sich jedoch herausstellt, ist Beck im wahren Leben ein äußerst unsympathischer Mann, der Prue von oben herab behandelt.

Als Phoebe und Prue wieder ins Kino gehen, sehen sie den Dämon auf der Leinwand. Dabei wird er im Film von Billy angegriffen. Nach einigen Irrungen und Wirrungen, die Billy auch von schwarz-weiß in Farbe verändern, geraten die Schwestern in den Film, wo sie den Dämon bekämpfen. Und als ihnen die Zeit davonläuft, wird der Streifen einfach zurückgespult ...

KOMMENTAR:
„Last Action Hero" lässt grüßen. Phoebe verliebt sich also in einen Leinwandhelden, der in den 50er Jahren mit B-Movies die Frauenherzen eroberte. Eine außergewöhnliche Idee, die für eine zwar nicht außergewöhnliche, aber wenigstens unterhaltsame Episode genügt. Zunächst einmal muss gesagt werden, dass Chris Payne Gilbert die Ausstrahlung einer toten Kuh hat, nämlich gar keine. Wie Phoebe auf den Burschen abfahren kann, erscheint schon arg zusammengeschustert. Hätte man da nicht wenigstens einen attraktiven und netten Kerl aussuchen können? Vielleicht ist Gilbert ja auch mit Spelling verwandt? Egal wie's ist, so ist's nunmal. Der Traum so manchen Kinogängers, die Realität gegen die Phantasie einzutauschen, bietet nun wahrlich unendlich viele Möglichkeiten, Geschichten voller Phantasie und Magie zu erfinden. Warum es hier nicht gelingt, die Folge zu einem echten Highlight werden zu lassen, bleibt schleierhaft. Vielleicht liegt es daran, dass die Filmbösewichter allesamt im Ansatz nicht gruselig sind – hätte man hier etwa den „Predator" oder die „Aliens" auf die Halliwells gehetzt, wäre die Episode um Welten besser gewesen. So kommt zwar gelegentlich Spannung auf, aber man merkt deutlich, welche Möglichkeiten hier verschenkt wurden.

Dan hängt immer noch in den Kulissen rum, wird sich aber bald verabschieden. Wer weint ihm eine Träne nach? Derweil genießen Piper und Leo ihr erstes „richtiges" Date. Und wer sitzt neben ihnen? Richtig, Dan bei einem eigenen Date. Der Bursche nervt also nicht nur die Zuschauer, sondern auch die Figuren innerhalb der Serie. Weg – so lautete auch die einhellige Meinung der amerikanischen Zuschauer.

MUSIK:
„Unknown" von Nina Gordon (Album „Tonight and the Rest of My Life")

BEWERTUNG:

41. EX LIBRIS

REGIE: Joel J. Feigenbaum
DREHBUCH: Brad Kern
STORY: Peter Chomsky
GASTSTARS: Rebecca Cross (Charleen Hughes), Cleavant Derricks (Cleavant Wilson), Peg Stewart (Lillian), The Goo Goo Dolls (sie selbst)

„The kitchen calendar? Like I'd notice that! I just go in there to eat the food you prepare for Pheebs and me." (*„Der Küchenkalender? Als wenn ich das bemerken würde. Ich gehe da nur rein, um das zu essen, was du für Phoebe und mich machst.)* – Prue auf Pipers Frage, ob sie die Nachricht am Küchenkalender nicht gesehen hätte

INHALT:

Piper will das Haus für sich, um einen romantischen Abend mit Leo zu verbringen. Das klappt jedoch nicht ganz, da Prue, die auf ihren Fotos etwas Merkwürdiges, einen immer wieder auftauchenden Mann, entdeckt hat, mit ihr reden will. Leo findet jedoch einen Weg, gemeinsame Zeit mit seiner Angebeteten zu verbringen.

Phoebe lernt in der Bibliothek für ein Examen und trifft dabei auf Charlene, die nach einem Buch sucht, das sie bei der Unterstützung zum Beweis ihrer These, dass Dämonen wirklich existieren, braucht. Dabei wird sie von einem Dämon angegriffen und getötet.

Später taucht der Geist der toten Charlene bei Phoebe auf, wobei sie gar nicht glauben will, tot zu sein. Piper kommt inzwischen nach Hause und findet Leo und Dan kämpfend vor. Nachdem sie die Zeit hat erstarren lassen und von Leo erfährt, dass ihn Dan einfach angegriffen hat, löst sie die Starre und Dan verschwindet.

Prue, Phoebe, Piper und Charlene machen sich schließlich auf, gegen den Dämon zu kämpfen. In der Bibliothek finden sie den Dämon Libris und vernichten ihn, doch Charlene hat noch eine Aufgabe: den Mord an einer jungen Frau zu rächen.

Dan verkündet Piper, dass Leo schon einmal verheiratet war, woraufhin sie seine Ex-Frau besucht und erfährt, dass diese wieder geheiratet hat.

KOMMENTAR:

Schon erstaunlich, was hier an wichtigen Ereignissen in eine einzige Episode gestopft wurde. Dabei gewinnt sie durch einen perfekten Schnitt, der die Übergänge flüssig und dem Zuschauer das Erinnern der jeweils aktuellen Sachverhalte denkbar einfach macht. Eine starke Arbeit der technischen Abteilung. Insbesondere die Erweiterung von Leo ist wundervoll gelungen. Der sanfte Vorstoß in die Engels-Mythologie könnte darauf hinweisen, dass die Serie endlich den längst überfälligen, sich durch alle Folgen ziehenden Story-Bogen zeichnen will, der andere Genre-Serien wie „Buffy" und „Angel" zu so extremen Erfolgen verhilft. Gelänge dieser Qualitätssprung weg von guten, aber zusammenhanglosen Einzelepisoden hin zur großen, fortlaufenden Geschichte, so könnte „Charmed" seinen derzeitigen Erfolg locker verdoppeln. Eine Überlegung, auf die auch Mr. Spelling und das WB-Network gekommen sein werden.

Cleavant Derricks wurde am 15. Mai 1953 in Knoxville, Tennessee, geboren. Der Schauspieler, der anfangs sehr viel Theater spielte, wurde 1984 sogar mit dem „Tony", dem Theater-Äquivalent zum Oscar, ausgezeichnet. Bekannt wurde Derricks als Rembrandt „Remmy" Brown in der wundervollen Serie „Sliders", die fünf Jahre lang produziert wurde. Bei dieser Serie hatte er auch Gelegenheit, wieder verstärkt zu singen, was schließlich zu einer eigenen CD mit dem Titel „Beginnings" führte. Momentan munkelt man, die Sliders würden in einem Kinofilm zurückkehren. Ein weiterer, guter Film mit Derricks ist „Carnival of Souls".

MUSIK:

„That's How Love Moves" von Faith Hill (Album „Breathe")
„January Friend" von The Goo Goo Dolls (Album „Dizzy Up the Girl")
„Broadway" von The Goo Goo Dolls (Album „Dizzy Up the Girl")

BEWERTUNG:

42. ASTRAL MONKEY (der deutsche Titel lag bei Redaktionsschluss noch nicht vor)

REGIE: Craig Zisk
DREHBUCH: Constance M. Burge, David Simkins
GASTSTARS: Matthew Glave (Dr. Curtis Williamson), Jim Davidson (Evan Stone), Milt Tarver (Dr. Jefferies), Susan Martino (Lucy), Jack Maxwell (Barry), Gary Douglas Kohn (Benny Ritter)

„Do you really think he's here that much?" (*„Glaubst du wirklich, dass er zu viel hier herumhängt?")* – Piper
„He's like the big brother I never wanted. I mean had. Never had." (*„Er ist wie der Bruder, den ich nie wollte. Äh. Hatte. Ich meine hatte.)* – Phoebe

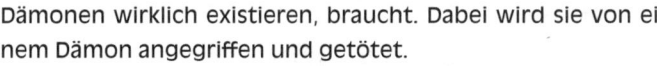

INHALT:

Dr. Williamson, der schon mehrmals auf die Halliwells aufmerksam wurde, injiziert drei Affen, die sinnigerweise Prue, Phoebe und Piper heißen, das Blut der Schwestern. Daraufhin zeigt sich, dass die Affen die Kräfte der Schwestern haben. Als Williamson von der Nadel gestochen wird, die der Prue-Affe auf ihn geworfen hat, erhält auch er die Kräfte der Schwestern.

Das merkt er jedoch erst, als er seine Schwester, die eine Nierentransplantation braucht, besucht. Dort hat er die Vision, dass ihr Mann an einem Herzinfarkt sterben wird. Als dieser den Infarkt hat, ist Williamson genau zur Stelle, um ihn zu retten.

Um seine Schwester zu retten, hat Williamson einen Plan gefasst: Er will einem Verbrecher eine Niere entreißen, mit der er seine Schwester retten kann. Leo, der inzwischen praktisch bei den Halliwells lebt, was Phoebe doch ein wenig nervt, erzählt den Schwestern von den Affen und Dr. Williamson. Sie finden einen Weg, den Affen wieder die Kräfte zu nehmen und wollen dies nun auch bei Williamson machen, aber der wehrt sich, wobei das für den Umkehrungsprozess vorgesehene Elixier vernichtet wird. Als es zum Kampf zwischen den Halliwells und Dr. Williamson kommt, stirbt der Doktor. Piper nimmt sich das sehr zu Herzen, wird aber von Leo getröstet.

KOMMENTAR:

Zauberhafte Affen? Karamba, das sieht nicht weniger kurios aus, als es sich vermutlich liest. Der Verdacht liegt nahe, dass Drehbuchautor David Simkins von eben einem dieser wilden Affen gebissen wurde, doch die Anwesenheit von „Charmed"-Oberaufseherin Constanze M. Burge macht klar, dass hier durchaus keine versehentlichen Peinlichkeiten aufkommen. Und in der Tat: Hinter diesem leicht seltsamen Vordergrund verbirgt sich eine der absoluten Top-Episoden der Serie, und eine raffiniert-melancholische Abhandlung des Themas „Schwüre". Dr. Williamson hat geschworen, Leben zu retten. Nachdem er die Kräfte der Schwestern hat, sieht er einen Weg vor sich, das Leben seiner Schwester zu retten. Um sein Seelenheil zu bewahren, dem Anspruch an sich selbst zu genügen, ist er bereit, seine eigene Moralität zu opfern. Ein hoher Preis, den er rückhaltlos zu bezahlen bereit ist. Sicher, auch bei ihm kickt der Größenwahn mit ins Spiel, aber das zu Grunde liegende, eigentlich gutartige Motiv des „Bösewichts" (ein Rollenbild, das in einer letztlich klischeehaften, weil klassisch strukturierten Serie wie „Charmed" immer den Gegenpol zum Protagonisten, dem Helden darstellen muss) verleiht der Figur eine Noblesse und Gebrochenheit, die die Qualität dieser Folge ausmacht.

Und ebenso wie ein Arzt so viele Leben wie möglich retten muss, so sind die Schwestern nach dem Ausschöpfen aller anderen Optionen gezwungen, aus demselben Grund ein Leben zu nehmen – was sie dann auch tun.

Phoebe und Prue können damit leben, doch Piper tut sich mit dieser Entscheidung und den Konsequenzen für ihr Seelenheil mehr als nur schwer. In letzter Zeit ist ihr der Kampf für das Gute zur Last geworden. Eine Entwicklung, die nun auf die Spitze getrieben wird. Dieser Umstand macht Angst um ihre Zukunft, denn wenn der Kampf gegen

das Böse in die nächste Runde geht, und die Halliwells ihre Aufgabe erfüllen müssen, die bislang nur in Andeutungen existiert, werden sie bis aufs Letzte gefordert werden. Piper wäre dem in diesem Zustand gewiss nicht gewachsen. Wird sie also das schwache Glied in der Kette sein?

MUSIK:

„When the Morning Comes" von Smashmouth (Album „Astro Lounge")

„Let the Cables Fall" von Bush (Album „The Science of Things")

BEWERTUNG:

43. APOCALYPSE, NOT

REGIE: Michael Zinberg
DREHBUCH: Sheryl J. Anderson
STORY: Sanford Golden
GASTSTARS: Geoffrey Blake, Patrick Kilpatrick, Jeff Ricketts, Brian Thompson, Paula Cole Band (sie selbst)

„What just happened?" („Was ist passiert?") – Phoebe
„I think we just vanquished our sister." („Ich glaube, wir haben gerade unsere Schwester verschwinden lassen.") – Piper

INHALT:

Die Schwestern haben mal einen Tag lang eine hübsche Shoppingtour gemacht. Wenig später kommt Leo und lädt Piper

zum Essen ein. Als sie später noch zum Club fahren, geraten sie in einen kleinen Straßenkrieg der gerade herrscht und der immer größer wird. Als Piper alle erstarren lässt, ist ein Mann nicht betroffen. Wie sich herausstellt, ist er einer der vier Reiter der Apokalypse.

Später treffen sich die vier Reiter und sprechen über ihren Plan, das Ende der Welt einzuläuten. Derweil versuchen die Schwestern, einen Spruch zu finden, dies zu verhindern, auch wenn sie noch glauben, es mit einem Anarchiedämon zu tun zu haben. Bald darauf stellen sich die Schwestern den vier Reitern, wobei Prue in eine andere Dimension verschlagen wird.

Wie sich zeigt, haben die Reiter und die Hexen unwillentlich ein Pentagramm bestehend aus Gut und Böse gebildet, das Prue in eine Art Vortex gezogen hat. Phoebe und Piper erkennen, dass sie ihre Schwester wieder retten können, wenn die Umstände wiederhergestellt sind und sowohl sie als auch die Reiter Zaubersprüche murmeln. Da erklärt Leo ihnen, dass sie damit das Ende der Welt einleiten würden, denn dann wären die Voraussetzungen getroffen, damit die Reiter ihren Plan in die Tat umsetzen können.

Die zwei wollen Prue aber dennoch retten. Als sie sich den Reitern jedoch gegenübersehen, erkennen sie, dass sie nicht die Welt verdammen können, weswegen sie bereit sind, Prue zu opfern. Aus dieser Opferbereitschaft heraus wird Prue auch gerettet und die Reiter verschwinden.

KOMMENTAR:

Ein Muss! Aufnehmen, anschauen und wieder anschauen! Eine Folge, für die eigentlich ein sechsten Punkt notwendig wäre! Spannender, besser geschnitten und einfach cooler kann eine „Charmed"-Episode nicht sein. Oder doch? Wenn man bedenkt, dass endlich, ENDLICH, die Bedeutung der Schwestern im Kampf von Gut und Böse auf den Tisch gebracht wird, könnte das dritte Jahr noch um Welten besser werden und in Sa-

chen Qualität sogar „Buffy" gefährlich nahe kommen – der Gewinner ist auf jeden Fall der Zuschauer.

Zur eigentlichen Episode. Die vier Reiter der Apokalypse sind wunderbar gelungen. Die Spannungen zwischen den Schwestern und Leo sind überraschend und schmerzen den Fan, der hier Harmonie gewöhnt ist – was die Sache nur noch intensiver macht. Je mehr Leo auftritt, desto wichtiger wird die Figur. Ein Kompliment verdient an dieser Stelle auch Brian Krause, den ich zu Anfang der Serie noch zu ungelenk fand. Nachdem er ein paar Pfunde verloren hat und sich eine tolle Chemie zwischen ihm und dem Haupdarstellerinnen-Trio ergeben hat, ist er aus der Serie nicht mehr weg zu denken. Schade ist, dass die Reiter für immer aus dem Weg geräumt scheinen, doch in der dritten Staffel scheint eh alles möglich zu sein. Wieso nicht auch eine Rückkehr dieser wirklich beeindruckenden Schurken, die ein starkes Gegenstück zu den Halliwells darstellen? Die beständig wachsende unterschwellige Bedrohlichkeit, die auf die Schwestern wartet, nimmt hier erstmals wirklich globale Ausmaße an, was wie der Gongschlag zum Hauptfight wirkt. „Charmed" macht sich bereit, in den nächsten Gang zu schalten. Beispiel gefällig? Dann blättert weiter zum Abschluss der zweiten Staffel ...

MUSIK:

„Be Somebody and Amen" von Paula Cole (Album „Amen")

BEWERTUNG:

44. BE CAREFUL WHAT YOU WITCH FOR

REGIE: Shannen Doherty
DREHBUCH: Brad Kern, Zack Estrin and Chris Levinson
GASTSTARS: Marcus Graham, Jeff Corey, J. G. Hertzler, Zitto Kazann, French Stewart, Joshua Hutchinson (Dick)

„He's going to expect a reaction from me." (*„Er erwartet eine Reaktion von mir."*) – Piper, nachdem Dan herausgefunden hat, dass Leo eigentlich tot ist

„Oh. Like: Dan, you're right. I am a necrophiliac." (*„Und wie soll die aussehen? Dan, du hast Recht. Ich steh auf Nekrophilie?"*) – Phoebe

INHALT:

Eine Gruppe vermummter Männer spricht davon, die Halliwell-Schwestern zu vernichten. Als einer von ihnen einen Djinn ruft, erklärt dieser, dass es nur einen Weg gibt, Hexen loszuwerden: Man muss ihnen das geben, was sie sich wünschen.

Im Haus der Halliwells findet Phoebe eine Lampe und wischt darüber, woraufhin der Djinn erscheint. Er will den Hexen drei Wünsche gewähren, aber sie halten das für einen Trick. Während Piper und Leo in den Club gehen und sich Prue auf ein Date vorbereitet, findet Phoebe heraus, dass Djinns nur dann verschwinden, wenn sie wieder in ihre Lampe zurückkehren. Dem Djinn gelingt es jedoch, den Hexen Wünsche zu gewähren, ohne dass diese es anfangs bemerken. So wünscht

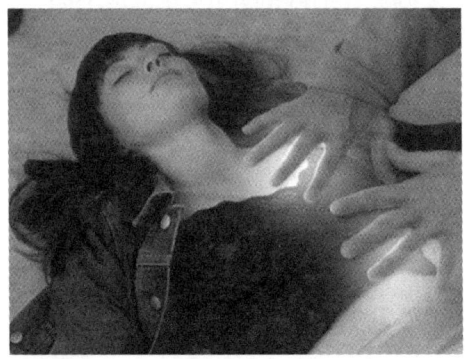

sich Piper, dass Dan mit seinem Leben weitermacht, Prue wäre gerne wieder jung, und Phoebe hätte gerne eine aktivere Kraft.

All diese Wünsche haben jedoch einen Haken: Dan wird zusehends älter, Prue hat keine Kräfte mehr, und Phoebe wird von einem Warlock verfolgt, der seine Gabe des Fliegens zurückhaben will. Als sie den Djinn schließlich noch einmal rufen und um drei Wünsche ohne unangenehme Konsequenzen bitten, kann alles wieder ins Lot gebracht werden. Endlich kann Dan tatsächlich mit seinem Leben weitermachen, während der böse Warlock vernichtet wird. Und damit endet das zweite Jahr des Hexenlebens für die drei Schwestern, wenngleich es weniger tragisch ist als das erste.

KOMMENTAR:

Es ist so weit: „Charmed", einstmals eine sauber produzierte, nett anzusehende Serie über drei junge Hexen und ihren Kampf gegen böse Hexer und Alltagsprobleme endet mit diesem Staffel-Finale. Was nun an ihrer Stelle auf Sendung geht, ist höchstklassiges Top-Entertainment, das sich vor keiner Serie verstecken muss und zu den absoluten Perlen an televisionärer Jugendunterhaltung auf dem Markt zählt.

Zur Episode: Shannen führt Regie. Die Ankündigung dieses Umstandes sorgte weitestgehend für Stirnrunzeln, denn die als zickig verschriene und auch durchaus komplizierte Darstellerin ist einer der unwahrscheinlichsten Kandidaten für einen Posten, der extrem viel Diplomatie und technisches Verständnis erfordert. Tja, um nicht lange um den heißen Brei herumzureden: Ihr gelang ein Meisterwerk! Neben technischen Finessen, die „Charmed" einen mächtigen Kick verpassen, entlockt Shannen ihren Kollegen und Kolleginnen mit kräftiger Unterstützung des brillanten Drehbuchs allerfeinstes Schauspiel, bei dem jede Nuance sitzt. Und es gibt wahrlich genug zu schauspielern. Eine Figur (Prue) stirbt, Geheimnisse werden offenbart, ein Mitglied der Besetzung (Dan) verlässt die Show, und es gibt Ausblicke auf die Zukunft, die diesen Rezensenten veranlassten, vor Freude in die Luft zu springen – nicht ganz dasselbe, wie das, was Phoebe in Zukunft kann (fliegen). Kein Witz!

Wann immer Schauspieler hinter die Kamera treten, ist Vorsicht geboten, da sie, so sie selbst auch mitspielen, dazu neigen, sich in lachhaft egozentrischen Posen zu verewigen. Nicht so Doherty. Sie treibt die technischen Möglichkeiten einer Serie ans äußerste Limit und liefert inszenatorische Schmankerl, die sich gewaschen haben. Klar ist, dass der Plan des Bösen fortan die Serie bestimmen wird. Keine lahmen Hexer mehr, die die Kräfte der Hexen stehlen wollen. Die Zeit der Prüfungen ist vorbei. Nun wird ihnen alles entgegengeworfen, was die Hölle zu bieten hat. Es wird zum Pflichtprogramm gehören, dem Kampf der Halliwell-Schwestern gegen die Scharen der Hölle beizuwohnen. Demnächst auf euren Bildschirmen.

MUSIK:

„I'm not the only one" von Filter (Album „Title of Record")
„Delicious Surprise" von Beth Hart (Album „Screamin' for my supper")
„Melt With You" von Modern English (Album „After The Snow")

BEWERTUNG:

IM GEDENKEN DER TOP-QUALITÄT: 10 PUNKTE!

Charmed
Die 3. Staffel

Zum Redaktionsschluss dieses Buches ist die dritte Season in den USA noch nicht angelaufen. Erste, noch etwas ungenaue Informationen über den Inhalt der ersten Episoden sind jedoch schon erhältlich und sollen den Lesern natürlich nicht vorenthalten werden. Leider wird es jedoch noch eine ganze Weile dauern, bis man diese Folgen auch auf Pro7 zu sehen bekommt. Vor Mitte 2001 ist damit nicht zu rechnen.

45. GODDESS ALMIGHTY

Leo, der wieder ein Wächter des Lichts ist, reist mit Piper in den Himmel, wo sie auf Gott treffen. Derweil bekommen Prue und Phoebe es mit einem neuen Nachbarn zu tun, der in Dans altes Haus einzieht. Klar, dass dieser Nachbar kein ganz normaler Mensch ist.

Die Rolle von Gott - im Skript beschrieben als wunderschöne junge Frau - soll von Tori Spelling dargestellt werden.

46. ONE SMALL THING

Prue feiert, weil eines ihrer Fotos auf das Cover des „415"-Magazins kommt, aber das Feiern endet bald, denn sie wird von einem Warlock verflucht und schrumpft bis auf 15 Zentimeter Körpergröße. Derweil fragt sich Piper, ob Leo ihr wohl endlich die Frage stellen wird. Phoebe hat es mit einem aufdringlichen Kerl zu tun, der sie liebt, weswegen sie versucht, seine Liebe in andere Richtungen zu lenken.

Gaststars sind Jason Bateman und Brad Rowe. Außerdem besucht der Musiker Seal „Charmed".

47. FREAKY FELINE

Phoebe will der Hauskatze mit einem Zauberspruch Kräfte verleihen, damit sie besser „zur Familie passt". Dabei geht jedoch etwas schief und sie tauscht mit der Katze den Körper. Nun sind Prue und Piper gefragt, ihre Schwester wieder in den eigenen Körper zu bekommen. Zu dumm, dass sie sich auch noch mit einem gestaltwandelnden Warlock herumschlagen müssen.

Gaststar ist Malcom Getz.

48. STUCK IN THE SIXTIES

Ein Dämon bringt die Halliwell-Schwestern dazu, in die Vergangenheit zu reisen. Sie kehren in die 60er Jahre zurück, wo sie verhindern sollen, dass ihre Mutter von einem Attentäter getötet wird, bevor sie überhaupt eine der Schwestern gebären konnte.

Gaststars sind der „Beverly Hills 90210"-Star Brian Austin Green, Finola Hughes, die wieder Patty, die Mutter der drei Hexen spielt, und der aus „V - Die außerirdischen Besucher kommen" bekannte Marc Singer.

49. BIG MAN ON CAMPUS

Phoebe wird von einem Warlock-Professor verhext, wobei der an einer Universität lehrende Mann einen richtigen Kult auf dem Campus um sich schert. Derweil muss sich Piper mit ihrer neuen Managerin für das P3 herumschlagen, da diese ein Auge auf Leo geworfen hat.

Gaststars sind Jennie Garth, die zehn Jahre lang in der Aaron-Spelling-Serie „Beverly Hills 90210" mitspielte, Rob Morrow und Mario Lopez.

50. MINUS ONE

Da Piper mehrmals zeigte, mit ihren Kräften unzufrieden zu sein, wird sie von einem andersweltlichen Council entführt und durch einen bösen Doppelgänger ersetzt, der die Schwestern dazu bringen soll, von ihren Kräften abzulassen. Leo hat derweil mit einem Wächter der Dunkelheit alle Hände voll zu tun.

„Charmed" entwickelt sich scheinbar immer mehr zur Recycling-Serie alter Spelling-Helden. Diesmal spielt Andrew Shue mit, der in „Melrose Place" mehrere Jahre als Billy mitgewirkt hat.

51. LEAVING ON AN ASTRAL PLANE

Prue gerät in die Falle einer bösen Hexe während sie in ihrer Astralform ist, weswegen es ihr nicht gelingt, in ihren Körper zurückzukehren. Bane, der gerade aus dem Gefängnis entlassen wurde und mit Prue alte Leidenschaften neu aufleben lassen will, muss nun Phoebe und Piper helfen, Prue zu retten.

Gaststar ist neben Antonio Sabato Jr., der in nächster Zeit durchaus zu den regulären Stars der Serie aufsteigen könnte - immerhin ist er ein enger Freund von Shannen Doherty -, Laura Leighton, die in „Melrose Place" als intrigante Sidney zu sehen war.

Zauberhafte

Die Macht
von Dreien
kann keiner
entzweien!

Ich bin das Licht!
Dein teuflischer Schatten
bezwingt mich nicht!
Kehre zurück
in die Dunkelheit
und verweile dort
in alle Ewigkeit.
Du finstere Macht,
sei nun verbannt!
Dafür ist dies Licht
der Garant.

Fluss der Zeit, mach dich nun auf die Reise
und drehe dich nicht länger nur im Kreise.
Schieb die Gegenwart voran,
lass morgen heute sein sodann.

In dieser Nacht und zu dieser Stunde
rufe ich die alten Mächte herbei.
Lenkt eure gewaltigen Kräfte
in uns Schwestern drei!
Wir sind bereit, gebt uns die Macht!

Was dein sei mein!
Was mein sei dein!
Lass unseren Zauber grenzenlos sein.
Ich schenke meine Kräfte dir
und nehme deine mir dafür.

Deine Liebe
war nur Schein,
möge diese Blume
dein Verderben sein.
Fühle nun die gleichen
Schmerzen,
wie ich sie erdulde,
in meinem Herzen.

Sprüche

Alles muss an seinen Ort,
was aus der Zukunft kam muss fort.
Kehrt nun durch Zeit und Raum zurück,
dass euch gelingt was uns missglückt.

Wenn versperrt ist dir die Bahn, klopf an und dir wird aufgetan.

Willst du der Wahrheit auf den Grund gehen,
Geheimnisse wissen und Verstecktes sehen,
dann mach den Tag zu Nutze dir,
am Ende weiß es niemand mehr.
Egal wer sich in diesem Haus befindet,
sich von nun an an die Wahrheit bindet.

Ich banne euch in eine andere Welt,
dort herrscht allzeit Nacht,
dort sollt ihr grenzenlos leiden
und seid auch ganz ohne Macht.

Lavendel- und Mimosenduft
schickt Nicolas für alle Zeit in die Gruft.
In tausend Stücke soll er zerspringen
und eine Rückkehr ihm nie mehr gelingen.

Ich suche dich,
ich suche dich!
Komm zu mir und liebe mich!
Du sollst es sein,
werde jetzt mein!

Teuflische Augen,
seht diese Hand,
damit sie euch
in die Hölle verbannt.
Gebe zurück, was du
den Menschen genommen
und gehe dahin,
von wo einst
du gekommen.

Starke Frauen im TV

Buffy –
Im Bann der Dämonen

WER IST WER?

Buffy ist eigentlich eine ganz normale Schülerin, bis sie zur „Jägerin" berufen wird. Ab diesem Zeitpunkt gehört es zu ihren Aufgaben, sich dem Bösen zu stellen und Vampire zu töten. Allerdings ist es manchmal gar nicht so leicht dieser Aufgabe nachzukommen, da ihr Privatleben sehr darunter leidet. Das ändert sich auch nicht, als sie auf das College wechselt.

Angel ist ein Vampir, der – wegen seiner grausamen Art – von einem alten Volk verflucht wurde. Dieser Fluch bewirkte, dass er eine menschliche Seele bekam. Lange quälen ihn seine schrecklichen Taten, bis er beschließt, Buffy im Kampf gegen

die Vampire zu unterstützen. Dabei verlieben sich die beiden ineinander. Durch eine gemeinsame Liebesnacht schwindet der Fluch von Angel, und er wird wieder zu „Angelus", dem grausamen Vampir, was die Liebe zwischen den beiden unmöglich macht. Angel verlässt Sunnydale und geht nach L.A.

Willow ist ein eher schüchternes, aber auch sehr intelligentes Mädchen, das ebenfalls in Sunnydale zur Schule geht. Sie wird zu Buffys bester Freundin und kämpft mit ihr gemeinsam gegen das Böse. Anfangs empfindet sie große Gefühle für Xander, aber in der 2. Staffel lernt sie dann Oz kennen, ihren ersten

Giles ist der Bibliothekar der Sunnydale High School. Als Buffy in Sunnydale eintrifft, gibt er sich als ihr „Wächter" zu erkennen. Das bedeutet, er hilft ihr, sich im Dschungel des Übersinnlichen zurechtzufinden. Er wird ihr ein guter, fast schon väterlicher Freund. In seiner Bibliothek findet sich zu jedem unheimlichen Thema ein passendes Buch.

Freund. Durch einen Zauberspruch stellt sie Angels Seele wieder her, und seit diesem Zeitpunkt widmet sie sich der Hexerei, die auch herhalten muss, als Oz sie verlässt.

Xander ist der beste Freund von Willow. Als Buffy nach Sunnydale kommt, freundet er sich auch schnell mit ihr an. Insgeheim hofft er, dass irgendwann einmal mehr aus dieser Freundschaft wird. Als er aber dahinter kommt, dass er bei ihr keine Chance hat, lässt er sich mit Cordelia ein. Auch Xander unterstützt Buffy beim Kampf gegen die Dämonen.

Cordelia ist anfangs eine zickige, eingebildete und oberflächliche Freundin von Buffy. Für sie sind Ansehen und Aussehen das wichtigste. Auch Cordelia wird in die Jagd nach Vampiren mit einbezogen. Und nach einiger Zeit bemerkt sie, dass Xander ihr nicht ganz so gleichgültig ist, wie sie glaubt. Die beiden werden ein recht seltsames Paar – innerlich ist Cordelia ziem-

lich neidisch auf Buffy. Später geht sie nach L.A., um Schauspielerin zu werden. Dort trifft sie auf Angel.

Joyce Summers ist Buffys Mutter, die es nicht immer einfach mit ihrer Tochter hat. Viele Jahre weiß sie nicht, dass Buffy auserwählt wurde, um gegen Vampire zu kämpfen. Als sie schließlich die Wahrheit erfährt, fällt es ihr nicht leicht damit umzugehen.

Oz ist ein Schüler der Sunnydale High School. Er freundet sich mit Willow an, die langsam erkennt, dass sie mehr als nur Freundschaft für ihn empfindet. Als sich die beiden endlich näher kommen, muss Oz feststellen, dass er durch eine Verletzung am Arm zu einem Werwolf geworden ist. Nun ist er dazu verdammt, drei Nächte im Monat als Bestie zu verbringen. Trotzdem hält Willow zu ihm und die beiden werden ein Paar. Ihre Liebe hält lange an, doch als Oz einen anderen Werwolf, Veruca, kennen lernt, bekennt er sich dazu, dass das Tier ein Teil von ihm ist und entschließt sich, Sunnydale fürs Erste zu verlassen. Doch er soll später noch einmal zurückkehren.

Spike ist auch unter dem Namen „William, der Blutige" bekannt, den er übrigens erhielt, weil er es stets genoss, andere mit Pfählen zu foltern. In der 2. Staffel taucht er mit Drusilla in Sunnydale auf. Er wirkt ziemlich böse und hinterhältig, umsorgt aber seine Freundin liebevoll und ist oft eher tollpatschig. Er versucht mehrmals, die Jägerin zu töten. Durch einen Unfall (Sonnenlicht) ist er später an den Rollstuhl gefesselt. Er erholt sich nur langsam. Als er zusehen muss, wie der böse Angelus sich an Drusilla heranmacht, verbündet er sich mit Buffy. Nach bestandenem Kampf kehrt er nach Sunnydale zurück, nachdem er von Drusilla verlassen worden ist. Als er den Liebeskummer überwunden hat, setzt er sich neue Ziele, wie die Suche nach einem sagenumwobenen Ring. Später fällt er einer Geheimorganisation, „Der Initiative", in die Hände, die schreck-

liche Experimente mit ihm anstellt. Das wiederum weckt das Mitleid von Buffy, Giles und Xander. Spike steht nun zwischen den Fronten, er muss sich entscheiden: Kämpft er dauerhaft Seite an Seite mit der Jägerin oder versucht er, sich alleine gegen die Dämonenwelt zu behaupten?

Drusilla gilt zunächst nicht als typische Vampirin: Sie ist schwach, geistig verwirrt und bedarf des starken Arms ihres geliebten Spike. Sie ist ein Opfer von Angelus, der bösen Seite von Angel. Drusilla wurde von ihm in den Wahnsinn getrieben, weil er nach und nach ihre Liebsten getötet hat. Drusilla hat die Macht, die Zukunft in Versionen vorherzusehen. Durch ein Ritual kann sie ihre Schwäche und Krankheit überwinden. Mit ihrer Gesundung stirbt aber auch ihre Liebe für Spike. Seitdem ist sie ein gefährlicher Feind von Buffy, auch wenn niemand so recht weiß, was aus ihr geworden ist. Wie es heißt, treibt sie sich mit allerhand üblen Dämonen herum, aber Genaueres ist nicht bekannt.

Faith taucht am Anfang der 3. Staffel auf und sollte eigentlich für das Gute kämpfen. Genau wie Buffy ist sie eine Jägerin. Sie hilft ihr im Kampf gegen die Dämonen, hält sich aber nicht an die Befehle und tut das, wonach ihr der Sinn steht. Während einer Vampirjagd tötet Faith im Übereifer versehentlich einen Menschen. Dadurch wird sie total aus der Bahn geworfen. Das Töten beginnt ihr Spaß zu machen. Sie hält die dauernden Vergleiche mit Buffy nicht stand und wechselt auf die Seite des Bürgermeisters. Als Faith versucht, Angel zu vergiften, will Buffy ihn rächen. Faith wird dabei so schwer verletzt, dass sie

in ein Koma fällt. Mehr als ein halbes Jahr nach dem Schulabschluss erwacht Faith und kämpft erneut gegen Buffy. Aber auch diesen Kampf muss sie verlieren und so verlässt sie Sunnydale.

In der vierten Staffel gibt es einen neuen Mann an Buffys Seite: Riley Finn. Ihr neuer Freund, der als Student ein scheinbar vollkommen normales Leben führt und mit Buffy gemeinsam auf Patrouille gehen und gegen das Böse kämpfen kann, ist allerdings auch ein Soldat der geheimnisvollen Initiative, die gegen Dämonen mobil macht.

4. STAFFEL
(Ausstrahlung voraussichtlich Anfang 2001 auf Pro7)

Nicht nur für Buffy, sondern auch für die Zuschauer bricht mit dem vierten Jahr des Kampfes gegen das Böse eine neue Ära an: Die junge Jägerin hat die High School abgeschlossen und besucht nun das College von Sunnydale. Damit hat auch die Serie Veränderungen durchlaufen, die anfangs beinahe das Gefühl aufkommen lassen, etwas völlig Neues anzuschauen. Während dies ein gelegentlich ungewohntes Sehgefühl ist, bleibt eines doch auch im vierten Jahr gleich: die hohe Qualität der Serie.

Da sich in dem Leben der Helden etwas Gravierendes verändert hat, wirft auch Whedon einen ganz neuen Blick auf seine Charaktere. So kann z. B. die Gruppendynamik nicht mehr dieselbe wie noch vor einem Jahr sein: Buffy und ihre Freunde müssen nun ihren eigenen Weg finden, ohne einander jedoch aus den Augen zu verlieren. Wie Whedon schon jetzt in einem Interview verlauten ließ, bereiten die Prüfungen der einzelnen Charaktere nur die fünfte Season vor, in der sie erkennen, dass sie allesamt eine Familie bilden.

THE FRESHMAN

Die High School ist zu Ende und Buffy, Willow und Oz gehören nun zu den Neuankömmlingen, den „Freshman" auf dem Campus der UC Sunnydale. Das Einleben fällt Buffy sehr schwer, und zu allem Überfluss muss sie entdecken, dass jedes Jahr ein paar Neue einfach verschwinden. Als sie eines Abends in ihr Zimmer auf dem Campus kommt, sind ihre Sachen verschwunden und ein gefälschter Abschiedsbrief liegt auf dem Bett.

LIVING CONDITIONS

Nach und nach normalisiert sich das Leben auf dem College – aber nicht in allen Bereichen. Buffy ist fest davon überzeugt, dass Kathy böse ist und vernichtet werden muss. Schließlich streiten sich die beiden nur noch und giften sich an. Und welcher normale Mensch bügelt schon seine Jeans, hört „VH-1"-Divas und klaut anderen Teile ihrer Seele? Zu dumm nur, dass die weiteren Mitglieder der Scooby-Gang eher Buffy für verrückt halten. Als Giles schließlich Beweise findet, ist es fast schon zu spät.

THE HARSH LIGHT OF THE DAY

Gerade als die Beziehung zwischen Parker und Buffy ernster zu werden scheint, taucht einer ihrer alten Feinde wieder auf: Spike. Dieser ist auf der Suche nach dem Juwel von Amara, einem Ring, der einen Vampir unverwundbar machen soll. Auch Xander bekommt unerwarteten Besuch: Die Ex-Dämonin Anya kehrt zurück. Beide verbringen eine Nacht zusammen. Doch wie der Name der Folge vermuten lässt, hat alles seine Risiken und Nebenwirkungen, und am Morgen danach sieht nichts mehr so rosig aus wie am Abend zuvor.

FEAR, ITSELF

Etwas Schreckliches erwacht an Halloween zum Leben, es ernährt sich von unseren schlimmsten Albträumen. Buffy, Willow, Oz und Xander gehen auf eine Verbindungsparty in ein Spukhaus. Aber warum ist außer ihnen niemand auf dem Fest? Und woher kommen die seltsamen Geräusche?

BEER BAD

Xander hat einen neuen Job gefunden: Barkeeper in einem Pub auf dem Campus der UC Sunnydale. Als Buffy und ihre Kommilitonen magisch verseuchtes Bier vorgesetzt bekommen, werden sie in Steinzeitmenschen verwandelt. Damit stellen sich „Buffy – der Höhlenmenschjägerin" ganz neue Aufgaben.

WILD AT HEART

Oz und Willow sind nach wie vor schwer ineinander verliebt, doch dann lernt Oz einen anderen Werwolf, Veruca, kennen und muss feststellen, dass das Tier ständig ein Teil von ihm ist, weswegen er sich entschließt, Sunnydale für's Erste zu verlassen. Spike wird derweil von den Söldnern gefangen genommen.

THE INITIATIVE

Spike wird in ein mysteriöses Labor, das sich direkt unter den Straßen von Sunnydale befindet, verschleppt. Das Labor gehört „Der Initiative", einer militärischen Organisation, die

gegen Dämonen vorgeht und mit ihnen Experimente anstellt. Auch wenn Spike die Flucht gelingt, ist er auf Grund dieser Experimente nun nicht mehr in der Lage, ein lebendes Wesen zu verletzen. Inzwischen fragt Riley Willow um Rat, wie er Buffys Aufmerksamkeit erlangen könnte.

PANGS

Angel kommt nach Sunnydale, weil er erfahren hat, dass Buffy in großer Gefahr ist. Die organisiert derweil ein Thanksgiving-Fest, das allerdings von Indianern (den Ureinwohnern von Sunnydale) zerstört wird. Ein indianischer Rachegeist ist durch ein Ritual wieder zum Leben erweckt worden. Angel hilft Buffy im Kampf gegen den Dämon, allerdings ohne dass sie es mitbekommt. Erst am Ende, als Xander sich verspricht, wird der Jägerin klar, wer in der Stadt war.

SOMETHING BLUE

Willow ist über die Trennung von Oz noch nicht hinweg und probiert deswegen einen Zauber, der jedoch dazu führt, dass alles was sie sagt wahr wird. Problem ist nun nur, dass Giles erblindet, Xander unentwegt von Dämonen verfolgt wird und Spike und Buffy heiraten wollen.

HUSH

Als den Einwohnern die Stimme von mysteriösen Besuchern geklaut wird, breitet sich in Sunnydale eine unheimliche Stille aus. Und Riley ahnt zum ersten Mal etwas von Buffys Fähigkeiten, als sie gemeinsam gegen diese Besucher kämpfen.

DOOMED

Als Buffy und Riley sich gegenseitig zu erkennen geben und ihre geheimen Aktivitäten offenbaren, droht die erneute Öffnung des Höllenschlunds. Die Gang muss deshalb zurück zur High School, um Schlimmeres zu verhindern.

A NEW MAN

Buffy und Riley erforschen ihre Fähigkeiten und kommen sich dabei näher. Inzwischen trifft Giles auf Ethan Rayne, der ihn hereinlegt und in die Gestalt eines Fyarl-Dämonen verwandelt. In seiner neuen Daseinsform kann sich Giles mit keinem Menschen verständigen, weswegen er auf Spikes Hilfe angewiesen ist. Vor allem, da er von Buffy gejagt wird.

THE I IN TEAM

Buffy nimmt an einer Sitzung der Initiative teil. Da sie aber zu viele Fragen über die Geheimorganisation stellt, beginnt Professor Walsh, die Leiterin der Initiative, ihre eigene Blutrache und will Buffy töten. Wenig später erwacht der Mensch/Maschine/Dämon-Hybrid Adam und tötet seine Schöpferin.

GOODBYE IOWA

Die Gang ist auf der Flucht vor den Schergen der Initiative und versteckt sich bei Xander. Dort trifft man auch auf Riley, der auf Entzug ist, da ihm Drogen fehlen, die heimlich in sein Essen gemischt wurden. Buffy trifft das erste Mal auf Adam und befindet sich in der misslichen Lage, dass sie ihn nicht besiegen kann.

THIS YEAR'S GIRL

Buffy ist damit beschäftigt eine Kreatur zu fangen, die Riley angegriffen hat. Aber ihre Probleme beginnen erst richtig, als sie erfährt, dass Faith aus dem Koma erwacht ist. Nachdem diese vom Bürgermeister eine Nachricht aus dem Jenseits erhalten hat, bricht sie auf, um sich an Buffy zu rächen. Am Ende gelingt ihr ein Körpertausch, woraufhin Buffy im Körper von Faith verhaftet wird.

WHO ARE YOU?

Im Körper von Buffy haut Faith richtig auf den Putz und möchte sich schließlich aus dem Staub machen. Sie hat jedoch eine Kostprobe davon bekommen, was es heißt, eine Heldin zu sein und kommt einigen Menschen zu Hilfe. Das nutzt die echte Buffy, um ihren Körper wieder zurückzubekommen.

SUPERSTAR

Jonathan ist ein Superstar: beliebter Sportler, Künstler, Schauspieler, Vampirjäger. Buffy jedoch wird das Gefühl nicht los, dass hier irgendetwas nicht stimmt.

WHERE THE WILD THINGS ARE

Auf einer Party flammen die Gefühle zwischen Buffy und Riley heftigst auf. Ausgerechnet jetzt muss dort ein Poltergeist sein Unwesen treiben, der der Jägerin und ihrem Freund durchaus zum Verhängnis werden könnte.

NEW MOON RISING

Oz kehrt nach Sunnydale zurück, da er nun den Fluch des Werwolfs kontrollieren kann. Als er dann aber erkennen muss, dass Willow und Tara ein Paar sind, verwandelt er sich. Das einzige, das den Wolf in ihm noch rufen kann, ist offensichtlich Willow.

THE YOKO FACTOR

Angel kommt in die Stadt und trifft auf Riley. Natürlich zeigt sich schon bald, dass sich der ehemalige und der aktuelle Freund von Buffy nicht im Geringsten ausstehen können.

PRIMEVAL

Nun ist es so weit: Zwischen Buffy und Adam kommt es zu einem letzten Kampf, wobei die Jägerin sowohl auf die Kraft ihrer Freunde wie auch auf die der ersten Jägerin zurückgreift. Was folgt, hätte Adam sich nie erträumen lassen. Die Regierung beschließt nach dem Fiasko, das Projekt der Initiative zu stoppen.

RESTLESS

Buffy & ihre Freunde genießen einen gemeinsamen Abend, bei dem alle einschlafen und sehr seltsame Träume erfahren: Träume, die töten könnten.

Sabrina ... total verhext!

wei schräge Tanten, Gemälde, die auf einmal zu sprechen anfangen, Katzen die reden und Ratschläge erteilen, all das ist „Sabrina" – eine bezaubernde Sitcom.

WER IST WER?

MELISSA JOAN HART ALS SABRINA

Bereits mit vier Jahren stand die 1976 in New York geborene Melissa Joan Hart zum ersten Mal für einen Werbespot vor der Kamera. Als jüngstes Mitglied der „Circle Repertory Lab Com-

pany" machte die hübsche Schauspielerin in den Bühnenstücken „Beside Herself" (1989) und „Imagining Brad" (1990) auf sich aufmerksam. Ihren ersten Auftritt am Broadway hatte sie in Arthur Millers Klassiker „The Crucible" im „National Actors Theatre". Sie spielte in mehreren TV-Movies mit und war Titelheldin der Hit-Sitcom „Clarissa explains it all". Drehbedingt verbringt Melissa die meiste Zeit in Los Angeles – für das Studium der Geschichte, Kunst und Literatur in New York bleibt der ehrgeizigen Schauspielerin nur wenig Zeit. 1999 stand sie neben verschiedenen „Sabrina"-Specials für die TV-Movies „Drive me Crazy" und „The Specials" vor der Kamera. Melissa über ihren Rollenwechsel: „Mit ‚Sabrina' habe ich mein Image als Kinderstar abgelegt. Schließlich hörte mit ‚Clarissa' für mich nicht alles auf, sondern ich bin der Star einer neuen Serie geworden."

BETH BRODERICK ALS TANTE ZELDA

Beth Broderick wurde in Falmouth, Kentucky, geboren und wuchs in Kalifornien auf. Mit 16 schloss sie schon früh die Highschool ab, um in Pasadena an der berühmten „American Academy of Dramatic Arts" Schauspielkunst zu studieren. Dort ging sie mit 18 ab und zog nach New York, um ihre Schauspielkarriere zu beginnen. 1988 gab sie in dem Film „Katie's Sehnsucht" mit Jodie Foster ihr Kino-Debüt. Ihr neuer Kinofilm „Psycho Beach Party" wird voraussichtlich noch im Jahr 2000 in die US-Kinos kommen.

Neben ihrer Arbeit bei Film und Fernsehen kehrt sie auch immer wieder gern zu ihrer ersten Liebe, dem Theater, zurück. In New York und Los Angeles spielte sie in verschiedenen Stücken und hat auch eines davon co-produziert. Als Regisseurin sammelte sie in diversen Medien Erfahrung, beispielsweise leitete sie eine Produktion für Warner Bros. Television.

Auch als Autorin ist sie aktiv: Alleine oder zusammen mit Dennis Bailey schrieb sie bereits mehrere Drehbücher. Für eines davon, die Komödie „Three for the Money", bereitet sie momentan eine Produktion über ihre Firma „Regardless Films" vor und wird dort neben Judith Ivey und Jean Smart auch selbst mitspielen. Ansonsten engagiert sich Beth Broderick schon seit 1984 im Kampf gegen AIDS. Sie ist ein Gründungsmitglied der New Yorker Organisation „http://www.aidsinfonyc.org/momentum/". Momentum", für die sie auch heute noch „an allen Fronten kämpft". Unter anderem leistet sie Aufklärungsarbeit und versucht, Spenden aufzutreiben. Eine weitere Organisation, in der sie sich engagiert, ist der „Celebrity

Action Council" des „City Light Women's Rehabilitation"- Programms. Dieses ist ein Programm der Los Angeles Mission, die sich um Obdachlose kümmert.

CAROLINE RHEA ALS TANTE HILDA

Caroline zog 1989 von Montreal nach New York, um ein so genannter „Stand-up-Comedian" zu werden, ein Ziel, das sie sich schon mit acht Jahren gesetzt hatte. In New York ging sie auf eine „Stand-up-Comedy"-Schule und trat dann einige Zeit in Comedy-Clubs auf. Dies tut sie auch heute noch, weil sie beim Filmen der „Sabrina"-Episoden das Publikum doch sehr vermisst. Aber auch in Film, Fernsehen und Theater ist Caroline Rhea präsent. Sie gab TV-Programmen wie „Caroline's Comedy Hour", „Comic Strip Live", „Six Comics in Search of a Generation" und „Fools For Love" ihre ureigene, komische Note und war in den Kinofilmen „Meatballs II" und „Rocky Horror Night in Canada" zu sehen. 1995 spielte sie eine Hauptrolle in der (nur kurz existierenden) Sitcom „Pride and Joy", wodurch die Produzenten von „Sabrina" auf sie aufmerksam wurden. 1999 drehte sie unter der Regie von Milos Forman den Kinofilm „Man on the Moon". Ein weiteres Filmprojekt „Let's Get Ready to Rumble" befindet sich derzeit in Produktion.

NATE RICHERT ALS HARVEY

Der am 28. April 1978 in St. Paul, Minnesota, geborene Nate Richert konnte bereits in den Serien „Prudy & Judy" und „A Stranger Within" TV-Erfahrung sammeln. Als Gast war er außerdem in den Fernsehserien „Fantasy Island" (1998) und „Beggars and Choosers" (1999) zu sehen. Darüber hinaus spielte er verschiedene Rollen am Theater, u.a. in „Maggie" und „The Velveteen Rabbit". Im Horror-Thriller „Pinatra", der noch 2000 in die US-Kinos kommen soll, übernimmt er die Rolle des jungen Jake.

JENNA LEIGH GREEN ALS LIBBY

Die am 22. September 1974 geborene Jennifer Leigh Greenberg trat bereits seit frühester Kindheit in Musicals auf und stand häufig gemeinsam mit ihrer Familie auf der Bühne. Ihre erste TV-Rolle hatte sie 1994 in dem TV-Movie „A Friend to Die For". Danach war sie in dem Kinofilm „Captain Nuke and the Bomber Boys" (1995) zu sehen.

1. STAFFEL (Ausstrahlung bei SAT1)

01. EINE HEXE WIRD FLÜGGE (PILOT)

Sabrina wird sechzehn Jahre alt – und dieser Geburtstag unterscheidet sich gründlich von allen anderen: Denn sie muss erfahren, dass sie und ihre Tanten Hexen sind. Ihr Vater ist ein Zauberer. Nur ihre Mutter ist eine Sterbliche. Diese darf sie allerdings nicht vor ihrem 18 Geburtstag sehen, weil sich die

Mutter sonst in einen Ball aus Wachs verwandelt. Nachdem Sabrina den ersten Schock überwunden hat, findet sie großen Gefallen an ihren magischen Kräften, was natürlich zu einigen Komplikationen führt.

02. GANZE WAHRHEIT – HALBES GLÜCK (BUNDT FRIDAY)

Als Libby und deren Freundinnen über Sabrina und Jenny üble Wahrheiten verbreiten, greift die angehende Hexe zu einer

List: Sabrina und ihre Tanten fabrizieren Wahrheitsstreusel. In der Haushaltsklasse verwendet Sabrina dann diesen Streusel als Kuchendekoration. Auf diese Weise erfährt sie, was Libby und die anderen vorhaben. Pech, dass die Lehrerin den Streusel auch für den Teil des Gebäcks verwendet, der im Lehrerzimmer gegessen wird. Unverhofft bricht auch unter den Pädagogen die Wahrheit aus ...

03. MAGIE LIEGT IN DER LUFT (TERRIBLE THINGS)

Um sich endlich die ersehnten Rollerblades kaufen zu können, nimmt Sabrina einen Job als Babysitterin an. Eigentlich müsste sie an diesem Abend auch für eine Klausur lernen, doch Baby Rudy will einfach keine Ruhe geben. Entnervt zaubert Sabrina ein Fläschchen für den kleinen Schreihals. Doch als sie das nächste Mal nach dem Kind sieht, liegt im Bettchen ein erwachsener Mann ...

04. WER HAT ANGST VOR RUDY KAZOOTIE? (THE TRUE ADVENTURES OF RUDY KAZOOTIE)

Sabrina schließt mit Salem eine Wette: Bis der Schultag zu Ende ist, will sie drei gute Taten vollbracht haben! Sie verschafft Jenny den Posten der Jahrgangssprecherin, verhilft Harvey zu einem heiß begehrten Einsatz im Footballteam und macht aus Mr. Pool einen Alchemisten, der Blei in Gold verwandeln kann. Zu Sabrinas Überraschung ist aber keiner der drei Auserwählten mit den kleinen Wundern wirklich glücklich ...

05. EIN DOUBLE AUF ABWEGEN (A HALLOWEEN STORY)

Halloween – ein wichtiger Tag für Hexen und ähnliche Gestalten. Natürlich feiert Sabrinas Familie gemeinsam. Doch Sabrina möchte viel lieber zu Harveys Halloween-Party gehen. Weil die gestrengen Tanten auf ihrer Anwesenheit bestehen, zaubert sich Sabrina eine Doppelgängerin

und schickt sie zu Harvey. Während das Sabrina-Double dort zu einem Striptease animiert wird, erhält sie selbst Besuch aus dem Jenseits ...

06. EIN MANN WIRD GEBACKEN (DREAM DATE)

Tanzabend an Sabrinas High School. Leider hat sich Libby schon den attraktiven Harvey unter den Nagel gerissen. Für Sabrina ist klar: Der Ball kann ihr gestohlen bleiben – sie bleibt zu Hause. Natürlich haben ihre Tanten eine viel bessere Idee: Sie backen ihrer Nichte einen Begleiter, der es in sich hat: Man bäckt ihm die Ingredienzien für einen Super-Tänzer, einen Draufgänger und einen Rockmusiker ein. Allerdings hat Chad auch einen Nachteil: Er hat eine Verfallzeit von vier Stunden ...

07. AUS DEM REICH DER SINNE (THIRD AUNT FROM THE SUN)

Als Sabrinas Tante Vesta ihre Nichte umgarnt, sind Tante Zelda und Tante Hilda gar nicht begeistert davon. Ein Kurztrip nach Paris zieht Sabrina endgültig auf Vestas Seite. Begeistert folgt die Jung-Hexe ihrer Tante in deren Heimat, das Reich der Sinne. Mit der Zeit verfliegt jedoch der Rausch, und Sabrina sehnt sich nach ihrem Zuhause auf der Erde ...

08. EIN WAHRES WUNDER (MAGIC JOEL)

Sabrina nimmt einen Job als Assistentin eines Hobbyzauberers an, um Harveys Aufmerksamkeit auf sich zu ziehen. Der Zauberer ist Joel, der Sabrina sehr bewundert. Bei seinem ersten großen Auftritt versagt er kläglich. Um die Vorstellung noch zu retten, lässt Sabrina Joel verschwinden. Joel denkt, er könne wirklich zaubern. Er genießt seine Unsichtbarkeit. Damit verwirrt er nicht nur Mr. Pool.

09. STREBERGLÜCK (GEEK LIKE ME)

Um Harvey zu imponieren, meldet sich Sabrina trotz ihrer Abneigung gegen Sport in Mr. Pools „Kung Fu"-Kurs an. Dank der Zauberkraft versetzt sie alle in Staunen und wird sogar zu einem Wettkampf delegiert. Dort schlägt sie den Meister Tai Wai Tse und kehrt mit einem riesigen Pokal nach Hause zurück. Aber sie hat nicht lange Freude an ihrem Sieg: Daheim angekommen, ergeht sich der Pokal in wüsten Schimpftiraden gegen die Betrügerin ...

10. SALEM AUF ABWEGEN (A GIRL AND HER CAT)

Es ist kurz vor Weihnachten: Sabrina hat sich mit Murray im „Slicery" verabredet. Heimlich versteckt sich Salem in ihrem Rucksack, doch als er unbedingt einer Maus nachjagen muss, fliegen Sabrina und er im hohen Bogen aus dem „Slicery". Wütend lässt sie ihn stehen und geht allein nach Hause. Als Salem am Abend immer noch nicht daheim aufgetaucht ist, sucht die ganze Familie nach ihm. Coolio gibt ihnen einen Tipp, wo sie den Ausreißer finden können ...

11. DER TIEFGEKÜHLTE RICHTER (TRIAL BY FURY)

Als Sabrinas verbitterter Mathelehrer sie für seine unfairen Behandlungen aufs Korn nimmt und es ihren Tanten nicht gelingt, ihm Vernunft einzutrichtern, beschließt das Trio dem Lehrer einige ihrer eigenen Lektionen beizubringen. Als er vor ein Verkehrsgericht gestellt wird, ersetzen sie den menschlichen Richter durch einen magischen Doppelgänger, der im Kälteschlaf geruht hat, „um sich nicht dem Einfluss der Medien auszusetzen". Inzwischen hat Salem einen Panikanfall, als ihm seine Ex-Freundin einen Überraschungsbesuch abstattet – insbesondere da sie noch nicht weiß, dass er in eine Katze verwandelt worden ist.

12. TRÄUME LÜGEN NICHT (JENNY'S NON-DREAM)

Als Sabrina zögert, Jenny über Nacht einzuladen, da sie weiß, wie „einzigartig" ihr Haushalt ist, versichern Hilda und Zelda ihr, dass sie nichts zu befürchten habe. Doch als Jenny aus Versehen durch den Kleiderschrank in das Andere Reich versetzt wird, zitiert Drell die Regel, dass Sterbliche das Reich nicht betreten dürfen und verwandelt sie in einen Grashüpfer. Doch Drell wird von der Bewahrerin der Regeln darauf hingewiesen, dass geschrieben steht, dass „jede Regel eine Lücke aufweisen muss" und es gelingt ihnen, Jenny zurückzuverwandeln. Doch nun müssen Sabrina und ihre Tanten Jenny davon überzeugen, dass ihre Erlebnisse nichts anderes als ein Traum waren.

13. DER ZAUBERSPIEGEL (SABRINA THROUGH THE LOOKING GLASS)

Sabrina erlebt einen richtigen „Schlechte Laune"-Tag: Das selbst gebastelte Biotop, das sie für einen Vortrag braucht, fällt zu Boden, Harvey, ihr Referatspartner, stiehlt ihr die Show, und zu allem Überfluss ziert ihre Stirn eine gigantische Warze. Als Libby sie ärgert, bekommt sie Sabrinas geballten Ärger zu spüren: Libby wird in eine Bergziege verwandelt. Zu Hause nimmt sich ihr Spiegelbild der missgestimmten Sabrina an – es lockt sie in die Welt der schlechten Laune, wo sie der Football-Star Brady Anderson wieder auf den richtigen Weg bringt …

14. DRITTER FRÜHLING (HILDA AND ZELDA: THE TEENAGE YEARS)

Weil Hilda und Zelda nicht wollen, dass Sabrina mit Harvey zu einer Signierstunde der „Violent Femmes" nach Boston fährt, verwandeln sich die Tanten in Teenager und geben sich als Sabrinas Cousinen Hillary und Zellary aus. Als Leadsänger Gordie auch mitfahren will, gibt es schließlich für Libby kein Halten mehr, will sie doch durch das Selbsthilfebuch „Die Magie des Herzens" und den darin beschriebenen magischen Blick ihren Schwarm Gordie in ihren Bann ziehen. Und dieses Vorhaben scheint zuerst einmal auch zu klappen …

15. DR. CYCLOPS (MARS ATTRACTS)

Sabrina nimmt an einem Skitrip zum Mars teil. Leider muss sie Harvey dabei allein lassen, was der jungen Hexe gar nicht gefällt. Doch der gut aussehende und magiebegabte Skilehrer Doug, den sie dort trifft, lässt sie schnell ihren Kummer vergessen. Bei einem gemeinsamen romantischen Abend vergisst Sabrina sogar, dass sie eigentlich zu Hause anrufen wollte. Inzwischen trifft sich Hilda mit einem Mann, der behauptet, ein Geheimagent mit gefährlichem Auftrag zu sein, was sie natürlich für eine der üblichen Urlaubslügen hält und Salem nutzt die Gelegenheit, um eine außergewöhnliche Katzenparty zu Hause zu veranstalten.

16. DER ERSTE KUSS (FIRST KISS)

Valentinstag – der Tag der Verliebten: Sabrina und Harvey schenken sich gegenseitig Herzen. Harvey bringt Sabrina nach Hause und versucht, sie zu küssen. Im letzten Augenblick funkt Salem dazwischen. Sabrina erfährt, dass sie Harvey auf keinen Fall küssen darf. Küsst eine Hexe einen Sterblichen, verwandelt sich dieser in einen Frosch! Sabrina verspricht daraufhin ihren Tanten, Harvey nur als guten Freund zu behalten. Natürlich ist dieses Versprechen nicht zu halten – und Harvey nimmt Froschgestalt an …

17. AUCH HEXEN HABEN'S SCHWER (SWEET CHARITY)

In der Hoffnung, mehr Schüler für's „Adoptier-dir-Großeltern"-Programm zu interessieren, findet Sabrina einen nicht unkomplizierten Weg, Libby dazu zu verleiten: Sie nimmt Libbys Gestalt an und muss sich immer schnell zurückverwandeln, wenn die echte Libby auftaucht. Doch Sabrinas gut gemeinter Plan geht schief, als sich Libby mit Sabrinas adoptierter Großmutter Nana anfreundet, die behauptet alle jungen Hollywood-Schönlinge zu kennen. Zelda kann sich inzwischen

nicht entscheiden, ob sie weiterhin mit einem Jahrhunderte jüngeren Mann ausgehen soll und Hilda und Salem essen zu viel von einer magischen „Haarsuppe", wodurch ihr Haar unwahrscheinlich schnell zu wachsen beginnt.

18. KATZENJAMMER (CAT SHOWDOWN)

Sabrina und Salem brauchen Geld und beschließen deshalb, dass Salem bei einer Katzenshow auftritt. Dem Gewinner winken 500 Dollar. Der stadtbekannte Journalist Bob Gordon wird als Preisrichter fungieren. Zufällig erfährt Sabrina, dass Bob mit einem peinlichen Foto erpresst wird: Es zeigt ihn ohne sein Toupet. Auf der Suche nach dem Erpresser wird Sabrina von Bob überrascht. Sie verwandelt sich in ein kleines Kätzchen. Und nun hat der arme Salem nicht mehr den Hauch einer Chance.

19. BESUCH AUS DEM JENSEITS (MEETING DAD'S GIRLFRIEND)

Sabrinas Vater Edward besucht seine Tochter und seine Schwestern Hilda und Zelda. Er will seine Tochter zu einer Eis-Revue einladen. Doch plötzlich taucht Edwards Freundin Gail auf – und das bringt die gemeinsamen Pläne durcheinander: Sabrina verhält sich ihr gegenüber ziemlich unhöflich. Irgendwann fragt sie Gail, ob sie und ihr Vater heiraten wollen. Als Gail die Frage bejaht, Edward sie aber verneint, ist Ärger vorprogrammiert. Schließlich muss Sabrina als Liebesbote fungieren.

20. AUSSER RAND UND BAND (AS WESTBRIDGE TURNS)

Hilda will ihre gelangweilte Nichte mit einer Dose Würmer aufmuntern. Doch das gut gemeinte Geschenk bleibt nicht ohne Folgen: Alles um Sabrina herum verwandelt sich in eine melodramatische Seifenoper. Als ein mysteriöser, einäugiger Hausmeister Harvey versehentlich mit einer Leiter schlägt, verliert dieser das Gedächtnis. Libby nutzt die Chance, um mit ihm anzubandeln und erzählt ihm, dass er zugestimmt habe, sie während einer Modenschau in der Schule vor allen anderen zu küssen. Außerdem stiehlt Libby den Diamantring, den Mr. Pool der Schulkrankenschwester schenken wollte und schmuggelt ihn Sabrina unter, die nun mit der Hilfe ihrer Tanten ihre Unschuld beweisen muss, bevor der Spruch völlig außer Kontrolle gerät.

21. AUCH HEXEN MACHEN FEHLER (THE GREAT MISTAKE)

Sabrina hat wieder mal einen wirklich schlechten Tag. Trotz der Warnung ihrer Tanten kauft sie von einem reisenden Magie-Händler eine „Morgen"-Kugel und glaubt der Vorhersage, dass sie für ihr Wissenschaftsprojekt eine Eins bekommen wird. Leider teilt Mr. Pool diese Meinung nicht und gibt ihr eine Drei mit der Möglichkeit, das Projekt noch einmal zu überarbeiten. Stattdessen schleicht sich Sabrina jedoch lieber mit ihrem Staubsauger aus dem Haus, um an einem Smashing Pumpkins Konzert teilzunehmen. Auf dem Weg dorthin wird sie jedoch von einem fliegenden Motorradpolizisten angehalten und erhält eine Verwarnung für das Überfliegen der Stadt mit „vollem Staubbeutel und hohen Abgaswerten". Wegen ihrer Schuldgefühle schrumpft Sabrina auf Puppengröße. Ihre Tanten versuchen sie aufzumuntern, indem sie ihr von ihren eigenen Missgeschicken erzählen.

22. HEXENJAGD (THE CRUCIBLE)

Sabrinas Klasse unternimmt einen Ausflug nach Salem, wo im 17. Jahrhundert die berüchtigten Hexenprozesse stattgefunden haben. Um den Zeitgeist besser verstehen zu können, schlüpfen sie in historische Gewänder. Jeder Schüler spielt eine Rolle: Stadtbewohner oder Hexe. Und schon bald passiert dasselbe wie im 17. Jahrhundert: Es kommt zu Hexenprozessen. Sabrina will nach Hause, doch ihre Tanten Zelda und Hilda bestehen darauf, dass sie in Salem bleibt.

23. DIE SCHÖNE UND DER ZWERG (TROLL BRIDE)

Sabrina und Harvey werden kurz vor dem Abschlussexamen zum „Idealen Paar" des Jahres gekürt. Libby erstickt die aufkommende Freude sofort im Keim: Sie weiß zu berichten, dass sich bisher noch jedes „ideale Paar" vor dem Examen wieder getrennt hat. Daheim bekommt Sabrina ganz andere Probleme: Sie lässt den Zwerg Roland ihre verlorenen Biologie-Notizen suchen und unterschreibt zuvor blind einen Vertrag. Kaum hat er seinen Auftrag erfüllt, lässt Roland die Katze aus dem Sack: Sabrina hat soeben schriftlich ihrer Vermählung mit dem Zwerg zugestimmt …

2. STAFFEL

24. LIZENZ ZUM ZAUBERN (SABRINA GETS HER LICENSE)

Enttäuscht hält Sabrina das einzige Geburtstagsgeschenk ihrer Tanten in Händen: Was zum Teufel soll sie mit einem Hexenhandbuch?! Hilda und Zelda drängen sie, unbedingt für die Prüfung zu büffeln, die jede 17-jährige Hexe ablegen muss. Selbst die Ermahnungen ihres persönlichen Quizmasters bleiben ungehört – und prompt rasselt Sabrina durch den Test. Zur Strafe für die verpatzte Prüfung muss Sabrina im Hexencamp nachsitzen – ausgerechnet während der Feier für das Football-Team! Trotz einer Zauber-Sperre gelingt ihr die Flucht und endlich kann sie sich mit Harvey im Tanze drehen. Doch der Spaß währt nicht lange: Sergeant Slater vom Hexencamp hat die Ausreißerin bereits entdeckt …

25. LIEBE UND HIEBE (DUMMY FOR LOVE)

Sabrina als Kupplerin mit Hintergedanken: Mit Cupids Hilfe versucht sie ihre zögernde Tante Hilda und ihren neuen Vize-Rektor Mr. Kraft zusammenzubringen, um so zu verhindern, dass sie wegen eines kontroversen Artikels der Schule verwiesen wird. Und wo sie schon einmal dabei ist, versucht sie außerdem noch Kirk und Valerie zu verkuppeln. Inzwischen gerät Zelda in Probleme, als Hilda vergisst, ihren Antrag auf Verschiebung ihrer Berufung zum Hexenrat abzuschicken.

26. BLIND DATE (DANTE'S INFERNO)

Auf Drängen ihrer Erziehungsberechtigten kommen Harvey und Sabrina überein, dass sie ab jetzt auch mit anderen ausgehen dürfen. Harvey trifft sich zum Blind Date mit einer Jean, Sabrina verabredet sich mit dem jungen Hexer Dante. Die Treffen verlaufen so gut, dass beide Paare schließlich sogar gemeinsam Bowlen gehen. Dante langweilt sich jedoch schrecklich und als Harvey ihn beim Bowling auch noch um Längen schlägt, verwandelt er ihn kurzerhand in einen Kegel. Hilda hat sich inzwischen eine bizarre Krankheit eingefangen, Punnitis, wodurch alles was sie sagt eine andere Bedeutung bekommt, die dann durchaus wörtlich genommen werden kann.

27. EIN COOLER JOB (A DOLL'S STORY)

Sabrina ist mal wieder total pleite. Um dies zu ändern, erklärt sie sich bereit, auf ihre Cousine Amanda aus dem Anderen Reich aufzupassen. Doch Sabrina geht das Gör bald auf die Nerven. Aber Amanda sitzt am längeren Hebel: Sie verwandelt Sabrina in eine Puppe und steckt sie in ihre Spielzeugkiste. Dort trifft Sabrina Carol, Ralphie und Dr. Rafkin, die das gleiche Schicksal erlitten haben. Hilda und Zelda brauchen inzwischen beide etwas Zeit für sich und gehen ins Fitnesscenter, wo sie sich beide um eine Behandlung streiten, die Hexen Jahrhunderte jünger aussehen lassen soll.

28. SABRINA HAT DIE HOSEN AN (SABRINA, THE TEENAGE BOY)

Um mehr über das männliche Geschlecht zu erfahren, verwandelt Sabrina sich in den Jungen Jack und erfährt Dinge, die

sie als Mädchen nie erzählt bekommen hätte. Als erstes verrät Harvey „Jack"/Sabrina, dass er sich mit Valerie treffen will. „Jack" wird eifersüchtig und lädt seinerseits Valerie ein. Diese ist begeistert, plötzlich so umschwärmt zu sein. Schließlich aber erfährt „Jack", dass Harvey sich nur mit Valerie trifft, um über Sabrina zu sprechen. Er vermisst sie sehr. „Jack"/Sabrina ist darüber natürlich mehr als happy. Er/sie kann es gar nicht mehr erwarten, wieder ein Mädchen zu sein …

29. PARTY TIME (A RIVER OF CANDY CORN RUNS THROUGH IT)

Sabrina lässt bei sich zu Hause eine Halloween-Party steigen. Außer an vielen Gästen fehlt es leider an allem: guter Musik, leckerem Essen, passender Dekoration und vor allem an prickelnder Stimmung. Als die Gäste sich aus lauter Langeweile bereits der Buchlektüre zuwenden, fangen die Möbel plötzlich an zu sprechen, Monster-Sänger und Termiten aus der anderen Welt stürmen auf die Party und ein unaufhörlicher Strom Popcorn füllt die Küche auf. Die Gäste halten dies für gelungene Halloween-Späße.

30. DER ZEITSPRUNG (INNA-GADDA-SABRINA)

Salem hat zu viel Fett angesetzt und wird deshalb auf Diät gesetzt. Sabrinas persönlicher Quizmaster taucht wieder auf und stellt ihr eine Prüfungsfrage. Sie löst sie, indem sie eine Zeitkugel konstruiert, die sie in die sechziger Jahre zurückversetzt. Anfangs ist sie von der Hippie-Zeit begeistert. Doch auch in dieser Zeit sind die Frauen benachteiligt. Sabrina beschließt zurückzukehren. Allerdings hat der hungrige Salem inzwischen die Zeitkugel verschlungen. Dünn wie er geworden ist, kann er durch die Katzentür entkommen …

31. ALLES WIE VERHEXT (WITCH TRASH)

Drei verbitterte Hillbilly-Hexenverwandte beginnen eine Familienfehde wegen Urgroßmutters Testament, durch das Sabrina ihr Zauberbuch erben soll. Die Fehde beginnt, als sie die Spellmans magisch am Verlassen ihres Hauses hindern. Problematisch ist, dass zu dieser Zeit auch Valerie und Harvey zu Besuch sind, weswegen Sabrina und ihre Tanten alles versuchen müssen, um die Wahrheit vor ihnen zu verbergen.

32. FREITAG, DER 13. (TO TELL A MORTAL)

Am Freitag, den 13., erfährt Sabrina, dass an diesem Tag die Hexen den Sterblichen ruhig die Wahrheit über sich erzählen können, da vor Mitternacht alle Erinnerungen daran ausgelöscht werden. Trotz der Warnung ihrer Tanten vor den Konsequenzen, vertraut Sabrina darauf, dass Valerie und Harvey die Nachricht verkraften können und gewährt ihnen jeweils einen Wunsch: Valerie darf mit Drew Carey tanzen und Harvey trifft Baseball-Legende Mark Langston. Doch der Ärger bleibt nicht aus: Libby hat heimlich mitgehört und alarmiert den Elternrat und die Presse. Zum Glück kommen Valerie und Harvey ihr zur Hilfe und beweisen so ihre wahre Freundschaft, obwohl sie ihre Taten am nächsten Morgen natürlich wieder vergessen haben werden.

33. VERZAUBERT WIDER WILLEN (OH WHAT A TANGLED SPELL SHE WEAVES)

Sabrina geht mit ihren Fähigkeiten leichtfertig um. Anstatt ihr Zimmer sauber zu machen, zaubert sie es sauber. Zudem befördert sie mit einem ungenauen Zauberspruch ihre Tanten auf Merlins Schloss. Zelda war einmal mit Merlin liiert. Seine Forderung nun: Nur wenn sie ihm erneut ihre Liebe schwört, darf sie auf die Erde zurückkehren. Das aber kann ihm die Hexe nicht vorgaukeln. Zelda und Hilda sind auf Sabrina angewiesen, doch die hat durch ihre Gedankenlosigkeit den Umkehrzauber verloren.

34. SABRINA CLAUS (SABRINA CLAUS)

Sabrinas Vorfreude auf Weihnachten gerät außer Kontrolle: Jedes Mal, wenn sie ein neues Geschenk erschafft, stellt sich heraus, dass jemand anderes ihr zuvorgekommen ist. Ihre Tanten schicken sie zu Dr. Bell, der einen schweren Fall von „Egotitis" bei ihr diagnostiziert, nachdem er Sabrinas „inneres Kind" (besessen darauf, Geschenke zu bekommen) hinaufbeschworen hat. Er zieht Bob zur Hilfe, der ihr die wahre Bedeutung von Weihnachten beibringen soll. Als dieser bei seiner Unterrichtung verletzt wird, entdeckt Sabrina völlig perplex, dass es sich bei ihm um den Weihnachtsmann handelt – und sie nun seinen Job übernehmen muss. So gelingt es Sabrina, die wahre Bedeutung der Weihnacht wieder zu entdecken, indem sie allen, sogar Libby, Geschenke bringt, die sie glücklich machen.

35. DIE VERJÜNGUNGSKUR (LITTLE BIG KRAFT)

Mr. Kraft, der regelmäßig mit Hilda ausgeht, langweilt sie jedes Mal zu Tode. Als er bekannt gibt, dass er den Skiausflug der Westbridge High leiten wird, beschließt Sabrina, dass es Zeit für drastische Maßnahmen ist: Trotz Zeldas Verbot benutzt sie ihr Notebook und erstellt einen Trank, durch den der Lehrer wie ein Teenager denken soll. Leider verwandelt sich Mr. Kraft durch den Trank in einen besonders arroganten, unverantwortlichen Erwachsenen, der durch sein Verhalten den Ausflug und die ganze Schule gefährdet.

36. LIBBY GEHT ZU BRUCH (FIVE EASY PIECES OF LIBBY)

Mrs. Quick beauftragt Sabrina und Libby, die Dekoration für den „Demokratie-Tag" zu erstellen, doch Libbys Hochnäsigkeit verärgert Sabrina so, dass sie einen Zauber spricht, der Libby davon abhält, ihr zu nahe zu kommen. Der Quizmeister mischt sich ein und dreht die Wirkung des Spruchs um, wodurch Sabrina immer in Libbys Nähe bleiben muss. Als sich Sabrina schließlich von der Wirkung befreien kann, kommt es zu einer schrecklichen Nebenwirkung: Libby wird in ein unvollständiges Puzzle verwandelt und Sabrina bleiben nur wenige Stunden, um die fehlenden Teile zu finden und Libby wieder zu vervollständigen. Dazu muss sie bei Libby zu Hause vorbeischauen und begegnet ihrer abweisenden, herrschsüchtigen Mutter, was sie Libbys Verhalten besser verstehen lässt. Zelda versucht inzwischen ein Heilmittel für eine Krankheit zu entwickeln und entdeckt stattdessen ein magisches Reinigungsmittel, welches Salem und Hilda stehlen und auf dem Markt in der Hexenwelt verkaufen, ohne von den Nebenwirkungen des Mittels zu wissen.

37. DER EINGEBILDETE KRANKE (FINGER LICKIN' FLU)

Zum Leidwesen aller Hexen grassiert eine Zeigefinger-Erkältungswelle. Alle werden aufgefordert, Handschuhe zu tragen. Doch Sabrina hält sich nicht an die Vorsichtsmaßnahme, und sie wird krank: Ihr Finger wird immer länger und unappetitlicher. Zu allem Unglück überträgt sich Sabrinas Zauberkraft auch noch auf Mrs. Quick, die aus Versehen Mr. Kraft in einen Affen verwandelt. Zelda und Hilda holen Dr. Brickman zu Hilfe.

38. DIE MODERNE HEXE (SABRINA AND THE BEANSTALK)

Harvey besucht Sabrina, um mit ihr an einer Hausaufgabe zu arbeiten. Natürlich albern die beiden lieber herum anstatt zu lernen. Daraufhin beschließen die Tanten, ihrer Nichte eine Lektion zu erteilen. Als Sabrina magische Sprungmarmelade entwickeln will, die ihr die nötige Motivation verschaffen soll, hält sie sich nicht an das vorgeschriebene Rezept und plötzlich steht ein riesiger Bohnenstängel im Garten. Da Harvey eine der Bohnen isst, wird er auf die Spitze der Bohnenstange gesetzt und von einer bösen Hexe gemästet, damit er ihr demnächst als Hauptmahlzeit dienen kann. Sabrina versucht, ihm zu helfen, doch ihre Kräfte funktionieren am Ende der Bohnenstange nicht. Inzwischen versuchen Hilda und Zelda in der Hexenwelt einen Einspruch zu erwirken, doch sie werden auf eine Warteschleife gesetzt. Also liegt es an Salem, Harvey zu retten. Zu dumm, dass der Kater an Höhenangst leidet ...

39. EIN NIVELLIERER NAMENS ROLAND (THE EQUALIZER)

Roland erklärt Sabrina, er habe den Beruf gewechselt: Er sei jetzt nicht mehr „Finder", sondern „Nivellierer". Das heißt: Wenn Sabrina etwas nimmt, bekommt er im Gegenzug etwas von ihr. Außerdem ist Roland immer noch sehr in Sabrina verliebt und will sie heiraten. Als Ken im Scherz behauptet, Sabrina hätte ihm sein Herz gestohlen, ist Roland sofort zur Stelle. Er stiehlt das Herz von Sabrina – zum Leidwesen von Harvey. Als

Hilda und Zelda entdecken, dass Sabrina verschwunden ist, wenden sie sich Hilfe suchend an Cupid, der mit dem Troll verhandeln und Sabrina aus ihrer liebeskranken Trance befreien soll. Hilda muss sich inzwischen Mr. Kraft und Cupids amourösen Annäherungen erwehren.

40. SABRINA GOES ROCK (THE BAND EPISODE)

Als in der Schule ein Band-Wettbewerb stattfindet, wollen Sabrina, Harvey und Valerie – alle mitsamt nicht gerade musikalisch – unbedingt mitmachen. Sabrina zaubert einen Talent-Drink, und die drei werden Sieger. Doch der Erfolg steigt Valerie und Harvey ziemlich zu Kopf, sodass Sabrina dem Ganzen mit einem „Fad-Drink" ein Ende bereiten will. Hildas Geigentalent wird inzwischen in einem Restaurant nicht richtig gewürdigt, also fügt sie dem Essen eine Beigabe zu, die den Geschmack der Gäste steigern soll. Zelda muss sich, da sie kurz vor einem technologischen Durchbruch steht, bei einem pompösen Hexentechniker entschuldigen, dem sie vor langer Zeit mal einen Scherz gespielt hat.

41. ROLLENTAUSCH (WHEN TEENS COLLIDE)

Der Hexensender meldet, dass sich im gesamten Sonnensystem gefährliche Sonnenflecken entwickelt haben. Zelda und Hilda wissen, dass sie sich vorsehen müssen, denn das bedeutet für Hexen eine molekulare Instabilität. Sabrina ist jedoch eine Halbsterbliche. Man weiß deshalb nicht, wie sich dieses Phänomen auf sie auswirken wird. Doch dann passiert das Fatale: Sabrina nimmt plötzlich Libbys rebellische Charakterzüge an. Während Libby zu allen nett ist, verwandelt sich Sabrina in eine Tyrannin, die bald die Schule beherrscht und – mit Salems stillschweigendem Einverständnis – die Weltherrschaft plant. Als sie verhaftet und vor Gericht gestellt wird, liegt es wieder mal an Salem, einen Weg für ihre Rettung zu finden.

42. EIN ALBTRAUM MIT VIER RÄDERN (MY NIGHTMARE, THE CAR)

Sabrinas größter Wunsch ist ein eigenes Auto. Zusammen mit ihrer Großmutter kauft sie einen Wagen. Doch das geht nicht lange gut, sodass Salem Sabrina einen tollen Sportwagen aus dem Anderen Reich beschafft: Ein sprechendes Auto, was die Sache noch komplizierter macht. Als Valerie das Auto sieht, ist sie Feuer und Flamme. Sie bittet Sabrina, es ihr zu leihen. Und schon bald passieren die unglaublichsten Dinge. Inzwischen müssen Hilda und Zelda beim Anderwelt-Anlageservice erfahren, dass ihr Buchhalter sich mit all ihrer gesparten Magie abgesetzt hat.

43. ZAUBER MIT NEBENWIRKUNG (FEAR STRIKES UP A CONVERSATION)

Sabrina soll ihren Aufsatz über „Praktische Anwendung der Mathematik" vor der gesamten Schülerschaft vorlesen und hat deshalb wahnsinniges Lampenfieber. Sie befolgt Salems Rat und benutzt einen „Furcht entfernen"-Spruch. Doch sie hätte besser auf Franklin Delano Roosevelts Warnung hören sollen, denn ihre Furcht verbreitet sich nun durch die gesamte Schule: Val und Mr. Kraft werden paranoid, Harvey hat Angst vor

Sportverletzungen, Mrs. Quick wird zum Hypochonder und Libby fürchtet sich davor, nie wieder einen Schönheitswettbewerb zu gewinnen. Es gibt nur eine Lösung: Die frei gesetzten Emotionen werden in die Hexenwelt verbannt, wo Sabrina sich ihren Ängsten stellen muss.

44. DIE GROSE PRÜFUNG (QUIZ SHOW)

Sabrina soll eine neue Zwischenprüfung für ihre Hexen-Lizenz absolvieren: Dafür muss sie sich in Feuer, Wasser und Wind verwandeln können. Aber Sabrina hat große Probleme damit und verliert auch noch ihren Quizmaster. Nun soll eine ihrer Tanten mit ihr für die Elemente-Prüfung lernen. Doch Zelda hat keine Zeit und Hilda keine Ahnung. Sabrina bittet den Hexenrat, ihren Quizmaster zurückzubekommen. Doch der zeigt sich zuerst unbarmherzig.

45. EIN TIERISCHER AUSFLUG (DISNEYWORLD)

Sabrina macht eine Klassenfahrt ins Disneyland. Leider hat sie von ihrem Quizmaster eine neue Aufgabe für die Hexenlizenz bekommen: Sie muss einen Überlebenstest ablegen – zuerst mit einem Trank aus vielen exotischen Pflanzen, der sie in ein Tier verwandelt, dann mit einem zweiten Trank, der sie zurückverwandelt. Keine leichte Aufgabe für Sabrina! Libby nutzt unterdessen die Gelegenheit, Harvey anzubaggern. Hilda und Zelda besuchen inzwischen Animal Kingdom's Dinoland U.S.A., wo sie mittels Magie ihren eigenen prähistorischen Menschen kreieren; Harvey endet schließlich als Reiseführer bei einer Kilimandscharo-Safaritour durch den Park und Mr. Kraft glaubt herausgefunden zu haben, was Sabrina bisher vor ihm verborgen hat.

46. DIE QUAL DER WAHL (SABRINA'S CHOICE)

Sabrina spielt wieder mal ihre beiden Tanten gegeneinander aus. Daraufhin greifen Hilda und Zelda zu einem Trick: Sie trennen sich. Sabrina soll sich nun vor dem Vormundschaftsgericht des Hexenrates entscheiden, bei wem sie lieber wohnen möchte. Um ihr dies zu erleichtern, erhält sie die Möglichkeit, in die Zukunft zu sehen. Danach wird Sabrina klar, dass sie nur bei beiden leben kann. Mit allen Mitteln versucht sie nun, ihre Tanten wieder zusammenzubringen.

47. GERÜCHTEKÜCHE (RUMOR MILL)

Sabrina muss im Anderen Reich ihren Sozialdienst leisten. Dabei lernt sie den halbsterblichen Hexer Dashielle kennen, dessen Onkel Calzone der Chef der „Gerüchteküche" ist. Er erklärt, dass im Anderen Reich Gerüchte pure Unterhaltung und nichts Schlechtes sind. Daraufhin legen Sabrina und Dashielle mit ihren Gerüchten los. Als Sabrina wieder auf die Erde kommt, muss sie entsetzt feststellen, dass all ihre Gerüchte wahr geworden sind. Außerdem entwickelt sich zwischen Sabrina und Dashielle eine Liebesbeziehung, die Sabrina über ihre Gefühle für Harvey nachdenken lässt.

48. MUTTERTAG IM ANDEREN REICH (MOM VS. MAGIC)

Sabrina muss sich entscheiden, ob sie ihre Kräfte aufgeben will, um ihre leibliche Mutter zu treffen, die, den Hexenregeln entsprechend, in eine Wachskugel verwandelt würde, wenn sie Sabrina trifft. Auch Salem ist nervös. Er möchte ebenfalls seine Mutter wiedersehen – doch zu dem Preis, dass er die nächsten hundert Jahre als Kater rumhüpft. Und Harvey und Dashielle stellen Sabrina vor die Wahl, mit wem sie nun ausgehen will.

3. STAFFEL

49. AUS ZWEI MACH EINS (IT'S MAD, MAD, MAD SEASON OPENER)

Bevor Sabrina nun endlich ihre Hexenlizenz bekommen soll, muss sie eine allerletzte Prüfung bestehen: Sie soll das Familiengeheimnis ergründen – unter Mithilfe von Cousine Doris. Diese neigt leider bei Wutanfällen dazu, alles mit grünem Schleim zu überziehen. Sabrina erhofft sich durch die Lizenz Hilfe bei der Entscheidung – Harvey oder Dashielle – zu bekommen. Doch weit gefehlt. Letztlich wird ihr durch eine Schleimattacke von Doris klar, für wen ihr Herz wirklich schlägt ... Salem spielt inzwischen ein „tödliches" Schachspiel, nachdem er den heißblütigen russischen Champion Yuri bei einem spannenden Computerschachspiel beleidigt hat. Und als Sabrinas Tante Zelda Mr. Kraft dazu einlädt, mit ihr zum Ball zu gehen, wird Tante Hilda buchstäblich grün vor Eifersucht.

50. PEINLICH, PEINLICH (BOY, WAS MY FACE RED)

Valerie hat sich nach einem unglücklich gelaufenen Date in Sabrinas Wandschrank verkrochen und will nie wieder zur Schule gehen. Um ihrer Freundin zu helfen, wendet Sabrina ihre Zauberkräfte an: Sie belegt Valerie mit einem „Anti-Peinlichkeitszauber". Diese strotzt daraufhin vor Selbstbewusstsein und ist wieder glücklich. Doch leider hat der Zauber auch eine Negativ-Seite: Jetzt passieren Sabrina peinliche Sachen und sie versinkt vor Scham beinahe im Boden ... Salem glaubt inzwischen, dass der ihm auferlegte Fluch gebrochen werden könnte, falls ihn eine schöne Tierärztin küssen würde; und Zelda muss mit ihrer eigenen Erniedrigung fertig werden, als Hilda die Ohren ihrer Schwester zum Trocknen aufhängt und sie dadurch versehentlich auf Elefantengröße ausdehnt.

51. TRAU KEINEM UNTER HUNDERT (SUSPICIOUS MIND)

Mr. Kraft will den Schülern die Freuden der Ehe nahe bringen und ruft daher eine „Ehe-Projektwoche" ins Leben. Zu Sabrinas Bestürzung bilden ausgerechnet ihre Todfeindin Libby und ihr Freund Harvey ein Paar. Ihr wird der Langweiler Gordie zugeteilt. Nicht lange, und Sabrina wird von Eifersucht zerfressen – sie spioniert dem „Paar" hinterher. An einem stadtbekannten Knutsch-Ort trifft sie nicht nur auf die beiden, sondern auch – man höre und staune – auf Mr. Kraft und Zelda …

52. SCHÖNE AUSSICHTEN (THE POM-POM INCIDENT)

Die Cheerleader der High-School suchen neue Mitglieder. Valerie ist sofort Feuer und Flamme. Für Sabrina bricht eine Welt zusammen, als ihre Freundin zu den hirnlosen Cheerleadern möchte. Mit einem Zauberspruchs gelingt es Sabrina jedoch, Valerie diese Faxen auszutreiben. Durch ihren Cousin Mortimer, der gekommen ist, um ihr bei der Ergründung des Familiengeheimnisses zu helfen, wird ihr jedoch klar, wie entscheidend es ist, dass jeder Mensch das tut, was ihm wichtig ist …

53. DER RUNDE WAHNSINN (PANCAKE MADNESS)

Sabrina wird von ihren Tanten aufgeklärt, dass es den Mitgliedern der Spellman-Familie strengstens untersagt ist, Pfannkuchen zu essen. Als Begründung heißt es, dass sie davon lebenslänglich süchtig werden könnte. Natürlich kann Sabrina der Versuchung nicht widerstehen und sie probiert ein Stück Pfannkuchen. Es kommt wie es kommen muss: Sabrina wird völlig abhängig von Pfannkuchen! Ihre Tanten helfen ihr schließlich beim grauenvollen Entzug … Außerdem wird Hilda, da sie vergessen hat die Auswanderungspapiere für die Welt der Sterblichen auszufüllen, durch die Einwanderungsbehörde des Anderen Reichs zurück in ihre alte Heimat gebracht, die stark an Kanada erinnert.

54. EIN IRRES FEST (GOOD WILL HUNTING)

Es ist wieder einmal Halloween. Wie jedes Jahr stellt sich die leidige Frage, ob Hilda, Zelda und Sabrina zu Tante Beulahs Halloween-Party gehen müssen. Sabrina kann sich drücken, da ihre Freunde sich angemeldet haben, um im Hause Spellman Horrorfilme anzugucken. Ein Geschenk der lieben Tante sorgt jedoch dafür, dass sie einen äußerst gruseligen Abend haben. Hilda und Zelda quälen ganz andere Probleme: Die Party findet in einer Irrenanstalt statt …

55. JEDE WETTE (YOU BET YOUR FAMILY)

Sabrina möchte endlich ein eigenes Auto. Sie ist nämlich der Meinung, dass man nur richtig beliebt ist, wenn man Geld hat und ein schickes Auto fährt. Salem hat inzwischen im Anderen Reich beim Pokerspiel alle Familienmitglieder an Diamanten-Dave verloren. Dieser setzt daraufhin Zelda als Köchin, Hilda als Dienstmädchen und Sabrina als Chauffeurin ein. Und der Dienstwagen ist ein Porsche! Doch letztlich erkennt Sabrina, dass Beliebtheit nicht mit Geld erkauft werden kann …

56. KAISER LARRY (AND THE SABRINA GOES TO …)

Sabrina möchte endlich Anerkennung für ihre hervorragenden Leistungen in der Schule bekommen. Sie setzt einfach ihre Zauberkräfte ein und prompt kann sie sich vor Lob und Preisen kaum mehr retten – doch auch diese Lösung behagt ihr nicht. Bei Spellmans ist Cousin Larry zu Besuch – im Anderen Reich ist er allerdings „Kaiser Larry". Tante Zelda erfährt inzwischen, dass sie dort ein Stück Land geerbt hat. Mit „Kaiser Larry" kommt es deswegen zu einer unschönen Auseinandersetzung …

57. LIBBY INTERN (NOBODY NOSE LIBBY LIKE SABRINA NOSE LIBBY)

Salem ergattert im Anderen Reich ein Spielzeugraumschiff. Als Sabrina einen falschen Hebel umlegt, schrumpfen die beiden auf Miniaturgröße und finden sich plötzlich im Innern des Spielzeugraumschiffs wieder. Durch Zufall gelangen sie samt Raumschiff ausgerechnet in Libbys Nase und von dort in ihr Gehirn! Sabrina muss feststellen, dass ihre Zauberkraft im Inneren von Sterblichen nicht funktioniert. Nun ist guter Rat teuer. Tante Hilda hat schließlich den rettenden Einfall …

58. SCHÖN HÄSSLICH! (SABRINA AND THE BEAST!)

Als Sabrina ziemlich verschreckt auf Cousine Susies warzenbedecktes, grünliches Gesicht reagiert, beschließt Susie ihr beizubringen, dass Schönheit nicht nur äußerlich ist. Inzwischen sind Salems Versuche, Hilda in körperlichen Topzustand zu versetzten dank einer bösartigen Fitnessmaschine zum Scheitern verurteilt.

59. COOLE WEIHNACHTEN (CHRISTMAS AMNESIA)

Sabrinas Tanten versuchen unermüdlich, ihre Nichte in Weihnachtsstimmung zu versetzen, doch das klappt nicht so recht. So will Sabrina viel lieber das Weihnachtsessen mit der Familie schwänzen, um einer Einladung in den Kessel, den coolsten Treffpunkt im Anderen Reich, folgen zu können. Doch dort muss Sabrina entsetzt feststellen, dass „Coolsein" bedeutet, das Weihnachtsfest so gut wie möglich zu verspotten. Als das Kesselfernsehen ihre Tanten traurig beim Weihnachtsessen zeigt, greift sich Sabrina die Fernsteuerung, schaltet das Gerät aus und stürmt hinaus. Als sie jedoch zu Hause ankommt, entdeckt sie, dass sie versehentlich den „Löschknopf" gedrückt hat, wodurch alle die Erinnerung an Weihnachten verloren haben (bis auf Salem, der sich immer noch ein Snowboard wünscht). Salem warnt sie, dass sie nur 24 Stunden Zeit hat, um die Löschung rückgängig zu machen, bevor sie permanent wird. Aber was die junge Hexe auch immer versucht, keiner kann sich daran erinnern, dass es die Feiertage gibt – selbst der Weihnachtsmann genießt seinen Urlaub …

60. ICH BIN DU (WHOSE SO-CALLED LIFE IS IT ANYWAY?)

Trotz der Warnung des Hexenrats, „wohltätige Hexerei" zu meiden, kann Sabrina nicht widerstehen, einen unglaublich langweiligen Abend bei Valeries seltsamer Familie auf-

zulockern und Valeries Eltern einen Wunsch zu gewähren. Diese möchten, dass ihre Tochter mehr wie Sabrina wäre und genau das tritt auch ein: Valerie beginnt sich mehr und mehr in Sabrina zu verwandeln. Auch sie erhält magische Kräfte und kommt in den Genuss, von Harvey geküsst zu werden. Inzwischen hat Salem eine Malerkarriere begonnen, braucht jedoch Hilda, die sich bei einer Galerie als Künstlerin ausgeben muss. Hilda sieht dies als willkommene Gelegenheit, um ihren neuen Freund Brock zu beeindrucken, bis sie entdeckt, dass Salem den Wert der Gemälde zu steigern versucht, indem er bekannt gibt, dass der Künstler verstorben ist.

61. COUSINE ZSA ZSA (WHAT PRICE HARVEY)

Die Spellmans erwarten Besuch aus dem Anderen Reich: Cousine Zsa Zsa ist Kosmetik-Vertreterin der Reihe „Ehrgeiz-Produkte" - übersinnliche Wirkung ist garantiert. Hilda und Zelda machen als erste Erfahrungen mit den verhexten Mitteln und verändern ihre Persönlichkeit völlig. Sabrina nutzt die Zauberkosmetik, um Harvey von der Idee, Mechaniker zu werden, abzubringen – doch mit fragwürdigem Erfolg. Und auch Salem macht schlechte Erfahrungen mit den ominösen Produkten.

62. MRS. KRAFT (MRS. KRAFT)

Zelda lädt Mr. Kraft dazu ein, bei ihnen einzuziehen. Allerdings sorgen seine Eigenheiten und das andauernde Geflirte zwischen ihm und Zelda nicht gerade für Begeisterung bei Hilda und Sabrina. Die beiden Hexen beschwören Mr. Krafts Ex-Frau Lucy herbei, in der Hoffnung, die beiden Verliebten auseinander zu bringen. Wie sich herausstellt ist Lucy allerdings eine böse Hexe. Dies führt dazu, dass die beiden, so wie jede anständige Hexe es machen würde, ihren Streit austragen, und zwar in der „Jerry Springer Show".

63. PIRATEN IM HAUS (SABRINA AND THE PIRATES)

Sabrina möchte unbedingt auf das Konzert der Gruppe „N SYNC" gehen, ist aber eigentlich noch zu jung. Sie besorgt deshalb für sich und ihre Freundin Valerie gefälschte Ausweise aus dem Anderen Reich. Nach dem Konzert muss Sabrina dann allerdings feststellen, dass sie dadurch ihre besonderen Fähigkeiten verloren hat. Ihre Tanten besitzen leider ebenfalls im Moment keine Zauberkräfte – und ausgerechnet jetzt treiben drei Piraten im Hause Spellman ihr Unwesen!

64. LIEBESZAUBER MIT FOLGEN (SABRINA THE MATCHMAKER)

Sabrina hat Amor verärgert und muss nun bis zum Valentinstag ein Paar verkuppeln, sonst ... Doch das erweist sich als gar nicht so einfach. Cousine Marigold und ihre beiden bezaubernden Töchter sind gerade zu Besuch. Als der Klempner zu den Spellmans kommt, um sich ums Badezimmer zu kümmern – das die ungezogenen Schwestern unter Wasser gesetzt haben -, wittert Sabrina ihre Chance. Sie ist wild entschlossen, Marigold mit dem Klempner Emil zu verkuppeln ...

65. SALEM AN DIE MACHT! (SALEM THE BOY

Sabrina bekommt wieder einmal Besuch von Roland. Diesmal bringt er ihr drei Wunsch-Gutscheine mit. Salem, der gerade mit seinem Leben als Katze hadert, bittet sie daraufhin, ihn für kurze Zeit zu einem Menschen werden zu lassen. Gesagt, getan. Salem darf für kurze Zeit in den Körper von Sabrinas Mitschüler Gordie schlüpfen. Entgegen seiner Versprechung mischt er sich sofort in die Schulpolitik ein und sorgt auch sonst für einige Aufregung ...

66. DIE KUNST DES SCHREIBENS (SABRINA THE TEENAGE WRITER)

Sabrinas Versuche, einen Aufsatz zu schreiben, verlaufen eher kläglich, bis sie versehentlich Hildas magische Schreibmaschine benutzt, um eine James-Bond-Parodie mit ihren Freunden als Hauptcharaktere zu schreiben. Ihre Ideen werden tatsächlich Realität und alle sind plötzlich in die Agenten-Geschichte verwickelt, in der jemand die Schule in die Luft sprengen will. Nun liegt es an Sabrina, die Story zu einem guten Ende zu führen. Inzwischen brechen Hilda und Zelda einen „Anderes Reich"-Kettenbrief und erleiden daraufhin eine Serie erniedrigender Metamorphosen.

67. SCHLAF HEXE, SCHLAF! (THE BIG SLEEP)

Auf der Suche nach Hinweisen auf das Familiengeheimnis wendet sich Sabrina an Tante Dorma, das „schwarze Schaf" der Familie. Dabei weckt die junge Hexe sie unbeabsichtigt aus ihren zehnjährigen Nickerchen – wofür Dorma sich rächt, indem sie das Haus mit Mohn füllt, der für die Spellmans tödlich ist. Inzwischen haben Valeries Käsekuchen das „Brainbuster"-Team der Intellektuellen und das Ersatzteam einschließlich Harvey vergiftet. Ausgerechnet jetzt kommen Valerie und Libby für eine Nachtlern-Session vorbei, während Sabrina verzweifelt versucht, ihre narkotisierten Tanten zu retten. Und Salem erklärt den Krieg gegen den Nachbarn, der ständig den Briefkasten der Spellmans überfährt.

68. GESUCHT WIRD ... (SABRINA'S PEN PAL)

Sabrina schmuggelt ihre Brieffreundin Martha als Katze getarnt aus dem Anderen Reich heraus. Doch das erweist sich als Fehler: Die scheinbar so harmlose Martha entpuppt sich als Juwelendiebin, die bereits steckbrieflich gesucht wird. Zuerst stiehlt sie im Haus der Spellmans den gesamten Schmuck. Doch ihr eigentliches Ziel ist es, den „Stein des Orion" zu finden, um damit ihre Zauberkraft wiederzugewinnen. Sabrina und ihre Tanten setzen alles daran, um das zu verhindern ...

69. WIE IM RICHTIGEN LEBEN (SABRINA'S REAL WORLD)

Salem rät einem Fernsehproduzenten aus dem Anderen Reich, eine Serie über Hexen im Teenager-Alter zu drehen. Die nichts ahnende Hauptdarstellerin ist keine Geringere als Sabrina. Doch als die junge Hexe merkt, dass ihr Leben im Fernsehen gezeigt wird, ist sie keineswegs begeistert. Sie beschließt, von jetzt an ein furchtbar langweiliges Leben zu führen, damit die Show abgesetzt wird. Doch so schnell lässt sich der Produzent nicht abwimmeln ...

70. ABKÜRZUNG! VORSICHT! (THE LONG AND WINDING SHORT CUT)

Um die Lösung des Familiengeheimnisses zu beschleunigen, setzt Sabrina trotz aller Warnungen einen Zauber ein – doch die Strafe folgt auf dem Fuße. Tante Zelda beschließt, dass Sabrina 24 Stunden keine modernen Hilfsmittel und keine Zauberei benutzen darf! Außerdem wird sie in die Prärie verbannt. Ein herber Schlag für die junge Hexe, und das Familiengeheimnis muss so wohl noch länger auf seine Auflösung warten ...

71. TRAUMSEHEN (SABRINA THE SANDMAN)

Sabrina will sich unbedingt einen Ring kaufen, doch zuerst muss sie sich das nötige Geld verdienen. Da sie keinen adäquaten Job findet, beschließt sie, sich bei der Jobbörse des Anderen Reichs umzusehen. Dort findet sie eine Stelle als Sandmännchen. Anfangs ist sie wenig begeistert von der Arbeit, bis sie merkt, dass sie sich in die Träume anderer Menschen einklinken kann. Als ihre Tanten jedoch merken, was Sabrina macht, schicken sie ihr einen ganz besonders furchtbaren Traum ...

72. OHNE WORTE (SILENT MOVIE)

Zelda kündigt ihrer Schwester Hilda und Sabrina an, dass Willard Kraft ihr wohl bald die bewusste Frage stellen wird. Die beiden sind von der Idee jedoch kein bisschen begeistert – im Gegenteil. Als nun Zeldas großer Abend ins Haus steht, belegen Sabrina und Hilda sich mit Zaubersprüchen, damit kein unfreundliches Wort über ihre Lippen kommt. Was sie nicht wissen: Wenn unter einem Dach zwei Zaubersprüche benutzt werden, wird das Leben zum Stummfilm ...

73. HEXENTREFFEN (THE GOOD, THE BAD AND THE LUAU)

Sabrina fährt mit ihren Tanten zu einem Familientreffen nach Hawaii. Was sich wie ein netter Urlaub anhört, entpuppt sich für Sabrina als harte Arbeit. Sie soll nämlich das Familiengeheimnis lösen! Doch bevor sie sich dieser Aufgabe widmen kann, muss sie sich erst noch um Salem und dessen schwangere Katzenfreundin kümmern. Und dann taucht auch noch Harveys schwangere Mutter auf ... Doch letztlich löst Sabrina endlich das Familiengeheimnis und erhält dadurch ihre Hexenlizenz!!!

Danksagung

Selbstverständlich ist auch all jenen eine Seite in meinem ganz persönlichen „Buch des Lebens" vorbehalten, die in der Entstehungsphase dieses Werkes auf die eine oder andere Weise an meinem Dasein und somit an dem jede Sekunde eines jeden Tages umfassenden Schaffensprozess teilnahmen. Dort werden in fernster Zukunft ihre Namen stehen – angestaubt ob der vergangenen Zeit, dereinst von zittriger Hand auf verschlissenes Papier gekratzt. Ihnen gebührt in alle Ewigkeit mehr als nur mein ge-schriebenes Wort – ein Gedanke, eine Empfindung, die ich jetzt und immerdar in mir tragen werde: Dankbarkeit. Und das sind sie nun.
In Gedanken abgelegt, doch nie vergessen. Nie vergessen!

Peter Osteried, einem Kollegen, den ich sehr schätze und ohne dessen Unterstützung dieses Buch in seiner endgültigen Form nicht hätte entstehen können – und einem Freund, dessen enormer menschlicher Wert sich über die Kraft und Zuversicht definiert, die er einem schenkt …

Petra Hundacker, Juliane Waltke und dem gesamten HEEL-Team, ohne deren (fast) unendliche Geduld und (schließliche) Ungeduld dieses Buch in seiner endgültigen Form definitiv nicht entstanden wäre …

Meinem Co-Autor Ralph Sander, der auf seine bekannt akribische Weise interessante Hintergründe zu weiteren Kult-Serien ans Tageslicht befördert hat …

Der „Tvdirekt"-Crew, die mit vorbildlicher Rücksichtnahme die Knurrigkeit ihres mehr als nur einmal völlig übermüdeten jüngsten Redakteurs akzeptierte, was beileibe nicht selbstverständlich ist und wofür ich jedem einzelnen von ihnen ein Stück Himmel schenken möchte …

Julia für den Duft, Annika für das Lachen und Mom für die Geburtsschmerzen. Sorry, aber ich wollte halt raus …

Und nicht zu vergessen ein kleines aber feines Bataillon aus dem Heer des Momentes, ein jeder, ob nun vergangen oder präsent, Teil des Gesamtbildes, ohne den meine Welt anders aussehen würde:

Julie Kleuser, Hans-Kristian Wiedmayer, Torsten Dewi, Claudia Koenig, Steve Kups, Tina Bergmeister, Stephan Ernsting, Frau Bunte, Siamese Morningstar und den Freaks und Geeks vom Comicforum.

All jenen, die sich nun vergessen fühlen mögen, möchte ich die folgenden weisen Worte mit auf den Weg geben, die auf ein nächstes Mal verweisen und mir in meiner Jugendzeit verflucht weise vorkamen. Mit ihnen beschließe ich die Arbeit an diesem Buch: Ich komm' wieder, keine Frage …

SPACE-ABO